KB045802

이해할 수 없는
아름다움

백민석 글·사진

이해할 수 없는
아름다움

예술과

철학의

질문들

RHK
알에이치코리아

차례

1

자네는 집을 지으려
했던 것이 아닌가?

지난 세기의 아시아 미술을 돌아보는 〈세상에 눈뜨다: 아시아 미술과 사회 1960s~1990s〉 전(2019년)이 국립현대미술관 과천관에서 열렸다. 아시아의 1960~1990년대는 정치·경제 분야만큼이나 미술에서도 격변이 이뤄지던 시기였다.

〈한강변의 타살〉은 우리나라 미술가들이 1968년에 벌였던 행위예술을 사진으로 기록해놓은 작품이다. 작품은 강국진, 정강자, 정찬승, 세 작가가 한강 모래밭에 모여 몸을 파묻는 행위로 시작된다. 세 작가는 물세례를 받고 흙구덩이에서 빠져나와서는 비닐 옷을 걸치고 그 위에 낙인을 찍는 행위를 한다. 예술

〈한강변의 타살〉, 강국진, 정강자, 정찬승, 1968년

의 이름을 빌려 사기나 치고, 예술을 팔아 축재나 하고, 정치나
하고, 예술을 한다면서 시대의 유행이나 좇는 예술가들을 향한
신랄한 비난을 담은 낙인이다. 그리고 세 작가는 낙인찍힌 비닐
옷을 벗어 불을 붙이고 화형식을 벌인다.

　이 화형식의 바탕에는 진짜 예술과, 화형이나 시켜 마땅한
예술이란 무엇인가에 대한 세 작가의 판단이 깔려 있다. 세 작
가가 '판단'하기에 의도가 순수하지 못하고 독창성이 없는 비非
예술은 불태워 근절시켜야 한다. '한강변의 타살'이란 제목은
비예술에 대한 세 작가의 감정이 너무 노골적으로 드러나 있어
풍자시의 한 구절처럼 들린다. 이들의 당혹스러운 행위예술은
"당시 한국의 구태의연한 기성 문화 세력을 '매장'하고 '타살'하
고자 하는 문화 비판 행위"(전시회 작품 해설)이다.

　나는 〈한강변의 타살〉을 보면서 좀 다른 의미로 당황했다.
1968년이면 반세기 전인데 그 옛날(세 작가 모두 고인이 됐다)에
도 저런 일로 심각하게 고민한 예술가들이 있었나 싶었던 것이
다. 당시는 베트남 전쟁이 한창이었고, 한국은 군사정권의 서슬
이 시퍼랬던 경직된 사회였다. 그런 시대, 그런 사회에서 저렇게
시대를 앞서 나간 행위예술가들이 있었다는 게 놀랍기만 했다.

　하지만 2019년의 시점에서 〈한강변의 타살〉은 고루해 보
일지도 모른다. 세 작가가 1968년에 앞서 나갔던 지점을, 우리

사회는 이미 지나쳐왔고 오래전에 추월해버렸다고 할 수 있다. 지금 누군가가 한강 둔치에 나가 똑같은 주장을 하며 화형식을 치른다면 어떤 반응이 나올까. 놀림을 받지 않을까.

　세 작가가 비예술의 화형식을 치른 1960년대 후반은 이미 서구 예술계에서는 예술과 비예술의 명확한 구분이 무너지고 있던 시기였다. 예술과 사기술의 경계가 흐려지고, 작품과 상품의 경계가 뒤섞이고, 예술가와 사업가의 경계가 애매해지고 있던 시기였다. 포스트모더니즘의 시대가 한창 도래하고 있었다.

　하지만 어떤 시대가 되어도, 예술과 비예술을 판단하려는 시도는 사라지지 않는다. 이유는 단순하다. 작품을 감상하는 데 시간과 돈이 들기 때문이다. 우리는 책을 읽고 영화를 보고 미술관을 찾으면서, 끊임없이 자신이 시간과 돈을 옳게 썼는지 알고 싶어 한다. 일부러 시간까지 내서 멋진 곳에 써야 할 용돈을 엉뚱한 일에 흘리고 다니고 싶어 하지 않는다. 우리는 현명한 소비자가 되고 싶어 한다. 불태워야 마땅한 비예술에 자신의 한정된 자산을 낭비할 생각이 없다.

　예술과 비예술을 가름하는 판단은 쉽지 않다. 일단 소비자가 한 사람이 아닐뿐더러(소비자의 수는 우리가 인간 존재의 다양함을 존중하면 할수록 늘어난다), 그 판단에 작품을 만든 작가가 생산자로서 다시 개입하기 때문이다. 한 작품의 완성도를 놓고 생산자인 작가와 소비자인 감상자가 입씨름을 벌이는 경우도 종종 본다. 온갖 소셜 네트워크로 생산자와 소비자의 거리가 전에 없이 가까워진 지금은 더욱 그렇다. 이런 사회에서는 어느 누구도 예술의 심판, 판관의 권위를 온전히 갖지 못한다.

그 판단이 얼마나 어려운지 라스 폰 트리에 감독의 〈살인마 잭의 집〉이 보여준다. 주인공 잭은 자신의 살인을 예술이라고 주장한다. 그는 자신이 벌인 살인 행각마다 고전음악 작곡가들처럼 작품 번호를 붙이기도 하고, 희생자들로 갖가지 형상을 연출하고는 작품 사진을 찍는다. 그러고는 자신의 행위를 피아니스트 글렌 굴드Glenn Gould의 연주와 비교한다.

살인자 잭의 작품들은 어느 관점에서도 조잡하고 역겨운 비예술이다. 때문에 고전적 미학을 표상하는 인물 버지(「아이네이스」를 지은 고대 로마의 시인 베르길리우스의 애칭)는, 잭에게 끊임없이 반론을 제기한다. 버지가 보기에 잭은 예술가가 아니다. 미학의 눈에 잭은 "끔찍하고 변태적인 사탄"이다.

하지만 잭은 버지가 "도덕적 잣대를 들이대서 예술을 죽이려고" 한다고 반격한다. 살인자에게도 나름의 미학이 있다. 그는 사진 필름의 음화에서 어두운 사물이 발하는 빛을 "검은 빛"이라고 부르며(음화에서는 어두운 면과 밝은 면이 뒤집힌다), 음화야

〈살인마 잭의 집The House That Jack Built〉 중에서 '시체들로 지어진 집' 장면, 라스 폰 트리에Lars Von Trier, 2019년

말로 예술이라고 주장한다. 악의 진정한 본질을 보여주기 때문이다. 둘의 미학 논쟁은 영화가 시작해서 끝날 때까지 잠시도 쉬지 않는다.

〈살인마 잭의 집〉은 겉보기처럼 살인마의 행각을 따라가는 공포영화가 아니다. 예술과 비예술의 판단을 둘러싼 미학 논쟁을 영상으로 시각화한 영화에 더 가깝다. 영화가 개봉했을 때 상영 20분 만에 관객 백여 명이 퇴장했다는 이야기는, 미학 논쟁에서 잭이 패배했음을 알려준다. 소비자를 그토록 실망하게 한 잭은 비예술적 생산자다.

그렇지만 그 퇴장한 백여 명은 트리에 감독의 작품이 아니라 살인마 잭의 작품을 보고 퇴장한 것이다. 나도 영화를 보면서 저 조잡한 영상이, 〈멜랑콜리아〉(2012년)의 그 우아하고 기품 있는 영상을 찍은 트리에 감독의 것인지 줄곧 의아했었다.

트리에 감독의 진짜 작품은 영화가 끝나갈 무렵에야 비로소 모습을 드러낸다. 바로 '시체들로 지어진 집The House of Bodies' 장면이다. 잭이 죽인 희생자들로 지은 집인데, 이는 현실이 아니라 잭의 망상 속에 트리에 감독이 개입해 지은 집이다. 〈살인마 잭의 집〉의 원제는 이 같은 '잭이 지은 집'이다.

현실 속 잭의 집은 비예술이기에 강박적으로 부정되고 철거된다. 하지만 잭의 망상 속에서 트리에 감독이 지은 집은 시체

〈만약 이 크래커가 진짜 총이라면 당신은 무엇을 하겠습니까?〉, F. X. 하르소노Harsono, 1977년

들이 재료임에도 불구하고, 앞부분 영상들의 조잡함을 모두 상쇄할 만큼 충분히 독창적이고 시각적으로 아름답다.

트리에 감독은 잭을 지옥으로 끌어내려 가둠으로써 미학 논쟁을 끝맺는다. 윤리적 판단 끝에 불의 심판을 받게 한다. 고상하고 우아하게 눈과 귀를 즐겁게 한다고 해서 예술이 되지는 않는다. 예술이라는 집을 완성하는 또 다른 건축 재료는, 작가와 감상자 모두에게 윤리적 판단을 주문하는 인간의 사유다.

〈세상에 눈뜨다: 아시아 미술과 사회〉 전에 나온 F. X. 하르소노의 〈만약 이 크래커가 진짜 총이라면 당신은 무엇을 하겠습니까?〉는 어떻게 감상해야 할까. 이 인도네시아 작가의 작품은 총 모양으로 만든 핑크색 크래커를 바닥에 산더미처럼 쌓아놓고, 적당한 거리에 책상과 의자를 가져다 놓은 설치미술이다. 작가는 관람객이 책상 앞에 앉아 펜을 들고, 노트에 '자신이 무엇을 할 것인가' 생각해보고 그 결과를 적기를 주문한다.

이때 관람객은 눈앞의 아름다움만 좇는 것이 불가능하게 된다. 아름다움을 소비하면서 동시에, 군부독재에 억눌려 살아온 인도네시아 시민이자 미술가인 하르소노의 주문에 대해 곰곰 생각해보게 된다.

산더미 같은 총을 앞에 두고 나는 어떤 입장을 취하고 어떻게 행동할 것인가. 총을 들고 밖으로 나가 싸울 것인가, 아니면 그냥 무시하고 내버려둘 것인가. 총을 들겠다는 결정을 하자마자 우리는 또 '총이라면'이라는 가정을 마냥 무시할 수만도 없게 된다. 밀가루 음식이라는 총의 물성은 가정을 뚫고 현실로 튀어나온다.

'그런데 저 총은 크래커잖아?'

'그것도 샤방샤방하고 맛나 보이기까지 하잖아?'

한 관람객이 책상의 노트에 적어놓고 간 문장은 이렇다.

"일단 한 번 씹어본다. 그럼 총이 어떤 맛인지 알겠지."였다.

예술은 단순히 아름다움을 소비하게 하는 데 그치지 않는다. 예술은 작품을 소비하면서 작품의 의미까지 사유하게 하며, 사유의 과정을 통해 소비자를 윤리적 판단에 이르게 한다. 〈살인마 잭의 집〉에서 버지는 잭에게 "자네는 집(예술)을 지으려 했던 것이 아닌가?" 하고 반문한다. 영화는 '살인이 예술이 될 수 있을까?'로 시작해, '살인을 묘사한 영화를 예술로 볼 수 있을까?'를 거쳐, '예술이란 정말 무엇이고 무엇이 되어야 할까?' 하는 성찰로 모두를 안내한다. 아무것도 의미하지 않는 듯한 현대 추상회화도 최소한 '이것도 예술인가?', '이런 작품을 그런 비싼 값에 팔아도 되는가?' 하는 판단을 하게 한다.

〈만약 이 크래커가 진짜 총이라면 당신은 무엇을 하겠습니까?〉의 경우엔 윤리적 딜레마가 사유를 촉발한다. 총을 들고 나가서 싸울 것인가? 아니면 정치 따윈 나 몰라라 크래커 맛을 보고 호주머니에 한 주먹 챙겨올 것인가?

이 촉발이 작품과 상품의 미학적 차이를 만든다. 우리는 에어프라이어를 주방에 들여놓으면서 그 디자인을 보고 윤리적 판단까지 나아가지는 않는다. 〈살인마 잭의 집〉을 보면서 관객들이 비윤리적인 연쇄살인마를 다뤘다고 분개한 것도, 바로 영화가 아직은 예술이라는 생각에, 예술의 윤리성이라는 생각에 붙들려 있었기 때문일 것이다.

예술은 사유하게 한다. 사유를 촉발하는 힘까지 예술의 일부이다.

2

아빠,
내 이름은 알아?

김윤석 감독의 〈미성년〉에서 불륜으로 얽힌 두 가정의 구성원 가운데 제 이름으로 불리는 인물은 미성년인 주리와 윤아뿐이다. 나머지 인물들, 성년인 어른들은 이름 없이 등장한다. 그들은 대체로 아빠, 엄마라고 불리고 아기엄마, 사모님, 당신, 자기, 때로는 '마지막 사랑'(주리의 엄마 미희가 윤아 아빠를 부르는 호칭이다)이라고 불린다. 관객들은 성년 등장인물들의 이름을 알지 못한 채 영화를 본다.

윤아 아빠의 이름 '권대원'은 영화 중반에 이르러서야 등장한다. 그것도 입말을 통해서가 아니라 아내 영주가 펼쳐보는 은

행 통장에 인쇄된 예금주명으로 등장한다. 마찬가지로 미희의 이름도 영화 후반, 병원 진료 차트에 적힌 환자명으로 등장한다.

인간은 성년이 되어 여러 복잡한 사회적 관계 속에 놓이면서, 점차 제 이름이 아닌 사회적 호칭으로 불린다. 아빠나 엄마로, 학부모로, 직장에 나가서는 직위로, 때로는 아줌마나 아저씨로 누군가에겐 얕잡아 불리기도 한다. 따라서 아직 사회로 본격적으로 진입하기 전을 일컫는 '미성년'은, 온전히 제 이름으로 불릴 수 있는 인생의 한 시기를 뜻하는 말이기도 하다.

열일곱 살 미성년인 주리와 윤아가 그렇다. 주리는, 집 나간 아빠에게 "아빠, 내 이름은 알아?"라고 묻고는 아빠가 대답하지 않자 큰 실망을 한다. 사회적 호칭을 포함해, 이름은 사회적으로 식별 가능한 주체를 구성하는 중요한 요소이다. 이름은 또 딸과 아빠 사이를 유지하는 끈이기도 해서 아빠가 이름을 잊었을 때 딸은, 가족이란 관계망에서 자신의 실존이 지워진 것처럼 상처를 받는다.

사회적 관계망에서 호칭은 그 사람의 가치를 명시하고 있기도 하다. 성년이 된 우리는, 누군가가 우리의 이름을 잊는 것보다 우리의 사회적 호칭을 잊는 것에 더 마음을 쓴다. 우리는 종종 무시당하거나 모욕을 당했을 때 "내가 누군 줄 알아?", "내가 누군 줄 알고 감히!"라고 말한다. 이때의 '나'가 가리키는 것은 자기 이름이 아니라 사회에서 자기가 속한 지위다. 오랜 반정부 투쟁의 역사를 걸어온 한국 사회에서는 '지식인'이라는 호칭이 그 무엇보다 값비싼 호칭이었던 때가 있었다.

이름이든 사회적 호칭이든 기본적인 역할은 같다. '내가 여기 있다'고 그어놓은 실존의 마지노선이다.

그래서 어떤 일본인들은 사라지기 위해 이름을 지워버린다. 레나 모제가 글을 쓰고 스테판 르멜이 사진으로 기록한 『인간증발』은 자신의 실존을 지워버리고 스스로 사라져버리는 일본인들에 대한 취재기다.

신분을 감추고 자발적으로 실종되어버리는 '인간증발' 현상은 일본에서는 오래된 일로 이젠 하나의 문화가 됐다. 도쿄에는 증발한 사람들이 모여 사는 '산야'라는 지역(지도에는 표기되어 있지 않다)이 있을 정도다. 그들의 야반도주를 돕는 "눈 깜짝할 사이에 하는 이사"라는 사업도 생겨났다. 잃어버린 20년으로 불리는 시기인 1990년대 중반에는 "야반도주한 사람들의 수가 매년 12만 명"[1]에 이르렀다고 한다. 후지산 아래에는 '자살의 숲'이 있고, 자살하는 광경을 보기 위해 관광객들이 밀려드는 '도진보'라는 자살 절벽도 있다.

일본인들은 왜 사라질까. 한 남성은 야쿠자 조직에 협박을

『인간증발』, 레나 모제Lena Mauger · 스테판 르멜Stephane Remael, 이주영 옮김, 책세상, 2017년

당하다 가정을 버리고 자살하러 나왔다가 사라졌다. 자살은 실
패했고 남성은 새 이름으로 허드렛일을 하며 젊음을 다 보내고
늙어서 가족을 다시 찾는다. 하지만 부모님은 이미 죽었고 아내
는 재혼해 자식도 낳고 잘살고 있다. 그는 자신의 바람대로 사
망신고가 된 상태였다.

 마침내 이름은 지워졌다. 남성은 말한다. "그 후로 나는 서
서히 죽어가고 있다. 잃어버린 행복은 절대로 되찾을 수 없다."[2]

 증발의 표면적인 이유는 사라진 일본인 숫자만큼이나 많다.
빚을 갚지 못해 쫓기고 있다거나, 중요한 시험을 망쳤다거나,

바람을 피우다 곤경에 빠졌다거나, 도박이나 쇼핑에 중독되어 삶을 망가뜨렸다는 이유 등이다.

더 깊이 원인을 따지고 들어갈 수도 있다. 불가촉천민과 빈민에 대한 차별도 한 원인이다. 자발적으로 사라지는 일본인의 많은 수가 이 차별받는 천민 신분에 속한다. 사라져서 이름을 지워버리면 자신의 천민 신분까지 사라질 거라 믿는 걸까. 일본은 신분 차별에 대해 말하는 일이 금기다. 이 금기가 얼마나 잘 지켜지는가 하면, 웬만한 외국인은 일본이 신분제 사회라는 사실조차 알지 못한다. 금기가 강력해 언로가 막혀 공론화시킬 수 없다면, 차별은 해소되지 않고 그 부담은 일본 사회 전체가 짊어지게 된다.

사회에 저항하는 개인이 아니라, 사회의 요구에 순응하고 복종하는 개인을 더 강하다고 보는 일본의 관습도 한 원인이다. "강한 사람은 개인의 행복보다는 의무를 앞세울 줄 알아야 한다."[3] 하지만 행복을 포기할 수 없는 경우라면? 일본인은 행복과 의무가 정면으로 배치될 때, 집단에 맞서 행복을 옹호하려 싸우기보다는 증발을 선택한다. 개인에게 가해지는 스트레스도 큰 원인이다. "일본인들은 마치 약한 불 위에 올려진 압력솥"[4] 같다. 끓다가 한계에 다다르면 사라지는 것이다.

루스 베네딕트^{Ruth Benedict}가 『국화와 칼』에서 통찰했듯이

"수치의 문화"[5]도 또 한 원인이다. 수치의 문화에서는 타인의 시선이 무엇보다 중요하다. 그렇기에 일본인들은 자신의 삶이 사회의 기대와 어긋났을 때 큰 수치를 느끼고, 그토록 다른 사람들의 시야에서 사라지고 싶은 것이다.

우리는 일본에서 건너온 현대인의 실존 양상을 설명하는 단어들에 익숙해져 있다. 은둔형 외톨이를 부르는 '히키코모리'는, 서류상으로는 사라지지 않았지만 자발적으로 사회적 관계망에서 숨어버렸다는 의미에서 인간증발 현상으로 볼 수 있다. 사회성이 떨어진다는 의미에서 이미 우리말처럼 쓰이는 '오타쿠'도 그 하나로 볼 수 있다. 돈이 급할 때만 임시로 취업을 할 뿐 정규 취업을 하지 않는 이를 뜻하는 '프리터'도 그렇다. 이들은 직업에 대한 애착이 강하지 않아 언제든 사라져버릴 수 있다. 또한 피해자를 자살까지 몰고 가는 '이지메'도 마찬가지다. 피해자는 괴롭힘을 당하다 죽고 싶지 않다면, 그리고 상황을 바꿀 수 없다면, 가해 상황에서 도망치는 길밖엔 없다.

이 모두 인간증발 현상과 관련되어 있다. 『인간증발』에 나온 일본인들은 사회적 관계를 끊고 사라진 다음, 아프고 괴롭고 수치스러울 뿐인 이전의 이름을 지우고 새로운 삶을 시작했다. 이들에게 이름을 지우는 행위는 사회적 자살이다. "(산야) 거리에 보이는 사람들은 이미 더 이상 존재하지 않는 이들입니다. 사회를 벗어난 우리는 이미 한 번 죽은 것입니다. 여기서 우리는 서서히 자살해가는 셈이죠."6

공식적으로는 존재하지 않는 지역인 도쿄의 '산야'에는 "정상적인 삶을 누릴 수 없는 인간, 모두에게 잊힌 인간, 이름 없는 인간"7들이 산다.

그렇다면 인간증발 현상의 결정적인, 보편적으로 받아들일 수 있는 원인은 무엇일까. 사태를 단순하게 보자. 그리고 점점 일본과 닮아가는 우리를 보자. 한국의 자살률은 이미 일본을 추월했다. 사는 게, 증발하거나 죽는 것보다 행복하지 않은 것이다.

서울 아라리오 갤러리에서 공개된 안창홍의 신작들도 어쩐지 행복해 보이지 않는다. 〈이름도 없는…〉 연작은 인간의 얼굴을 그렸으되, 우리가 익히 아는 초상화가 아니다. 목 위쪽 두상만 덩그러니 캔버스 가운데 놓여 있고, 배경은 단색화처럼 추상화되어 있다.

우리는 윤곽이 둥그렇고, 점 두 개와 선 하나가 그려져 있으면 인간의 얼굴이라고 기계적으로 판단한다. 그렇긴 해도 〈이름도 없는…〉의 얼굴들은 기계적으로 떠올릴 수 있는 평범한 얼굴이 아니다. 낯빛은 푸르뎅뎅하거나 핏기 없이 창백하고, 여기저기 피가 튄 자국 같은 얼룩이 져 있기도 하다. 두 점은 눈이라기보다는 눈구멍 같고, 입은 찢어졌다. 언뜻 목 잘린 시체의 머리 같다.

안창홍은 한국 현대사의 질곡을 악몽의 형식으로 형상화해 온 화가다. 따라서 그간의 작품 맥락을 따라, 우리는 이 '이름도 없는' 얼굴들이 정치적 폭력의 희생자들이라고 짐작할 수 있다. 평범하지 않은 이 뭉개진 얼굴들은, 언젠가 본 다큐멘터리 사진 속 얼굴들을 떠올리게도 한다.

정치적 희생자들은 이름이 없다. 희생자들의 이름을 지우는 행위는 정치적 폭력의 마지막 순서에 해당한다. 희생자의 이름을 지움으로써, 현실에서뿐만 아니라 역사에서도 범죄 사실의 증거를 지워 없애는 과정이 완수되기 때문이다. 희생자들은 이름이 지워지면서 역사에 존재했던 적도 없는 사람들이 되고, 이제 증명할 길이 없어진 폭력도 일어나지 않았던 일이 된다.

작가가 작품에 별다른 말을 붙이지 않은 덕에 우리는 다양하게 해석해볼 수 있다. 〈이름도 없는…〉은 우리 현대인의 내면을 시각적으로 형상화한 작품으로 볼 수도 있다. 고단한 일상을 사는 우리의 상처도 만만치 않고, 따라서 개개인의 내면에도 거의 죽은 것 같은 얼굴이 몇쯤 들어 있지 않을까. 안창홍의 그림

〈이름도 없는…〉 연작2, 안창홍, 2018년

처럼, 삶의 굴곡을 지날 때마다 윤곽이 흐트러지고 상처로 뭉개지고 종종 이름까지 잃어버리게 된 우리 내면의 실존 말이다.

그 실존은 우리 안에 침잠해 있지만 이름을 모르기에 있는지도 모르고, 이름이 없어 불러낼 수도 없는, 또 다른 우리 자신이다. 우리는 〈미성년〉 같은 영화나 『인간증발』 같은 책, 〈이름도 없는…〉 같은 그림을 만나고 나서야 불현듯, 일상에서 잊고 있던 그 존재를 감지하게 된다.

〈미성년〉에서 영주는 갈 데가 없어 남편과 바람을 피운 미희의 문병을 가고, 미희는 자식마저 자신을 이해해주지 않는다며 딸 주리 앞에서 엉엉 운다. 주리는 인큐베이터 속의 미숙아를 들여다보며 말한다. "사는 거 되게 빡세다. 너, 각오가 돼 있어?"

산다는 것은 빡셀 뿐만 아니라, 자칫 자기 자신을 자기 자신

〈미성년〉 중에서, 김윤석 감독, 2018년

속에서 오래도록 잃을 수도 있는 일이다. 자신 속에서 자기가
증발될 수도 있는 일이다.

3

언니,
집 없어요?

초등학생 때 선생님에게 들었던 말이 잊히지 않는다. "우리나라는 기름도 안 나고 땅덩어리도 작고 가진 건 사람뿐이니, 잘살려면 너희가 열심히 공부를 해야 한다." 이런 생각은 우리나라 사람이면 누구나 했을 법하다. 이병철 고故 삼성 회장도 1983년에 그 비슷한 말을 했다. "우리나라는 인구가 많고 좁은 국토에 천연자원은 거의 없다. 우리의 자연적 조건에 적합하면서 부가가치가 높고 고도의 기술을 요하는 제품 개발이 요구된다. 그것만이 제2의 도약을 기할 수 있는 유일한 길이라고 판단해 첨단 반도체 산업을 적극 추진키로 했다."[8]

그리고 40여 년 만에, 반도체 산업은 천연자원은 없고 인적자원만 많은 우리 경제의 버팀목이자 아킬레스건이 됐다. 코스피에서 삼성전자와 SK하이닉스가 차지하는 비중은 30퍼센트를 넘는다. 버팀목은 건축물을 안정적으로 떠받히는 긍정적인 역할을 하지만, 아킬레스건은 잘못됐을 때 인체의 균형이 무너지는 치명적인 약점이 된다.

　'반도체 노동자의 건강과 인권지킴이 반올림'은 버팀목 이면의 아킬레스건이 어떤 의미인지 또렷이 보여준다. '반올림'은 백혈병으로 사망한 고 황유미 노동자 유족의 싸움을 돕기 위해 발족한 '삼성 반도체 집단 백혈병 진상 규명과 노동 기본권 확보를 위한 공동대책위원회'('반올림' 다음 카페 소개 글)로 시작된 단체다. 고인은 2003년 10월에 삼성 반도체 공장에 입사해 2005년 6월에 급성골수성백혈병 판정을 받고, 2007년 3월에 이십대 초반의 나이에 목숨을 잃었다.

　고 황유미 노동자의 아버지에게 삼성에 취업했다는 소식은 처음엔 행복이었다. 그는 "삼성이라는 회사가 엄청나게 좋은 회사고, 월급도 상당히 많이 주고 복지도 상당히 좋아서, 모든 사람들이 삼성에 취업한 걸 상당히 자랑거리로 삼아서, 진짜 삼성이 엄청나게 좋은 회사인 줄"9 알았다고 한다. 하지만 고인은 근무 이 년 만에 백혈병 판정을 받았고, 곧이어 고인과 한 조로 일하던 다른 노동자도 같은 병으로 삶을 마쳤다.

유족은 고인이 이 년 다닌 삼성을 상대로 산재 판정을 받기
위해 2014년까지 팔 년을 싸웠다. 고인뿐만 아니었다. 반도체
공장은 노동자의 생명을 위협하는 불행의 근원이었다. '반올림'
카페에는 2008년부터 2021년까지 이어져 온 반도체 산업 재
해 신청 현황이 정리되어 있다. 지금까지 163명이 신청했고 그
중 72명이 산재를 인정받았다. 47명은 진행 중이다. 질병 현황
은 놀랍기만 하다. 백혈병부터 재생불량성빈혈, 유방암과 뇌종
양, 폐암, 불임과 파킨슨병에 이르기까지 35가지나 된다.

흔히 볼 수 없는 질병들이 이렇게 다양하게 나타난다는 사
실은, 재해를 입은 노동자에게는 큰 어려움으로 다가온다. 우리
나라에서는 업무와 질병 사이의 인과관계를 증명할 책임이 산
재를 입은 노동자에게 있기 때문이다. 병으로 고통을 당하면서
도 "사업장에서 질병의 원인으로 규명된 물질이 사용되는지,
그 노출 경로, 노출량과 노출 기간에 대해서 자료를 찾아서 주
장할 책임"을 져야 한다. 노동자가 자신이 일하는 반도체 공장
의 노동환경과 화학물질에 대해 정확한 정보를 갖고 있을 리 없
다. 그리고 첨단산업은 "결정적으로 공장에서 사용하는 물질과
작업 방식 등이 영업 비밀로 보호된다."[10] 회사는 자료 제출을
거부할 수 있고, 정부 기관은 조사 결과를 노동자에게 알려주지

않을 수 있다.

이것이 '반올림' 같은 단체가 활동해야만 하는 이유다. 삼성과 싸워 산재를 인정받는 일은 절대 녹록하지 않다. 삼성은 '반올림' 활동가들의 개인정보를 무단으로 수집하고 관리하기까지 했다. 사진과 주민등록번호, 키 같은 신체 정보와 누구와 만나고 친하게 지내는지까지 조사했다. 고 황유미 노동자의 아버지에게 한 삼성 직원은 "아니, 아버님이 큰 회사 삼성을 상대로 해서 싸워서 이기려고 하십니까?"[11] 하고 묻기도 하고, 10억 원을 줄 테니 아무 말 말고 사회단체 사람들도 만나지 말라고 회유를 하기도 했다.

이 불행한 일 모두가 기름 한 방울 안 나는 나라가 인적 자원만으로 세계 반도체 산업 1위가 되면서 얻게 된 결과다. 인간을 기름처럼 퍼다 쓴 것이다. 산재 피해 노동자들은 자신들이 국가 경제와 회사의 발전을 위해 자신들이 희생되고 있는지도 몰랐을 것이다. 노동자들은 공장을 소유한, 반도체 산업의 지배자들과 완전히 불평등한 위치에서 일했다. 반도체 산업의 희생자들을 두고 도저히 행복을 떠올릴 수가 없다.

영화 〈소공녀〉의 미소는 가사도우미 일을 하며 월세방을 전전한다. 일은 하지만 월세가 부담돼서 기본적인 식비도 마련할

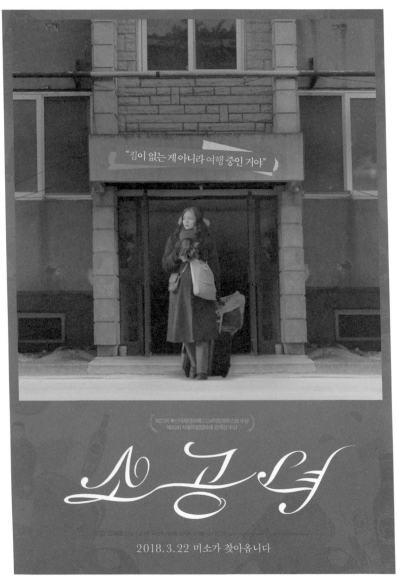

"집이 없는 게 아니라 여행 중인 거야"

제22회 부산국제영화제 CGV아트하우스상 수상
제43회 서울독립영화제 관객상 수상

소공녀

2018.3.22 미소가 찾아옵니다

〈소공녀Microhabitat〉 포스터, 전고운 감독, 2018년

수가 없다. 친구한테 쌀을 빌리기도 하고, 자취방은 너무 냉골이라 남자친구와 잠을 자지도 못한다. 그녀의 부모는 등장하지 않는다. 아마 부모가 없거나, 있어도 영화 안에서 드러날 만큼의 존재감이 없는 부모일 것이다. 그녀는 또 어떤 병을 앓고 있는데, 매일 약을 먹지 않으면 머리카락이 하얗게 센다.

영화는 미소의 가난을 총체적으로 보여준다. 가난은 배를 곯게 하고 입을 옷이 없는 데서 끝나지 않는다. 남녀의 성생활까지 방해하고, 종국엔 그녀와 남자친구를 헤어지게 만든다. 그녀는 성실하게 일하지만 버는 돈보다 물가가 더 빠르게 오른다. 계속 오르는 월세 때문에 집을 사기는커녕 점점 더 가난해진다. 재산의 상속이 경제적 기반을 닦는 데 중요한 우리 사회에서 그녀는 부모가 없으므로, 그녀가 겪는 가난은 끝이 나지 않는다.

미소는 경제적 난민이 되어 떠돈다. 월세방을 잃고 대학 시절 밴드를 같이 했던 친구들의 집을 찾아다닌다. 친구들은 잘살고 있다. 회사원이거나 아파트가 있거나 가족이 있다. 친구들은 그녀를 이해하는 데 어려움을 겪는다.

친구들은 미소의 삶이 "스탠더드가 아니"라고 말하고 "남들다하는 거" 하면서 살라고 충고한다. 그들은 한국 사회의 행복에 대한 표준, 통념적 가치관에 적극적으로 순응한다. 그들은 그 스탠더드 가치관을 벗어나 생각하지 못하므로 그녀의 삶을 이해하지도 못한다.

미소는 마침내 친구들과 한 명 한 명씩 소통이 불가능해진다. 한 친구가 "갈 데가 없다며?" 하고 묻자 그녀는 "난 갈 데가 없는 게 아니라 여행 중인 거야." 하고 답한다. 그녀는 또 한 친구에게 "내가 무슨 물건이야? 집이 없어도 생각과 취향은 있어."라고 항변한다.

많은 한국인이 집이 없으면 다 없다고 생각한다. 재산, 능력, 가족, 미래, 건강……. 모두 없다고 생각하고, 측은해 하거나 하찮은 인생으로 여긴다. 분양아파트에 사는 학부모들이 임대아파트에 사는 집 아이들과는 친구 맺지 말란다는 뉴스를 보면, 집이 없으면 인격도 없다고 생각하는 것 같다.

'소공녀'는 동화에서 따온 제목이 아니다. 영화의 영어 제목은 'Microhabitat'로, 생태계에서의 미소微小 서식 환경을 말한다. 아마 주인공 이름 미소도 여기서 나온 듯하다. 아무것도 없이 최소한의 주거 공간으로 점차 소외되는 미소의 미생물적인 실존을 그렇게 은유한 것이다. 그녀는 월세방 크기를 점점 줄여가다가 결국은 한강 둔치로 밀려나 텐트를 친다.

가난은 미소에게 삶의 조건을 넘어서 재앙이 된다. 〈소공녀〉는 그 과정을 적나라하게 보여주는데, 영화의 소박하고 서정적인 연출 때문에 가난의 적나라함이 잘 인지되지 않을 뿐이

〈소공녀〉 중에서

다. 그녀는 극빈의 삶 속에서도, 바를 찾아가 위스키 한 잔을 마시며 골똘히 생각에 잠기는 일을 그만두지 않는다. 이는 그녀의 유일한 식도락이자 영화에서 가장 인상적인 대목이다. 그 만이천 원짜리 위스키가, 그녀가 집 대신 끌어안고 있는 "생각과 취향"이다. 그녀에게 행복은 집이 아니라 위스키 한 잔인 것이다. 집을 소유한다는 것은 이룰 수 없는 꿈이기에 위스키에 더욱 집착하는지도 모른다.

섹스와 술은 사실상, 가난한 사람이 누릴 수 있는 값싼 사치이자 가장 비용을 적게 들여 얻을 수 있는 행복이다. 하지만 가난 탓에 미소는 섹스도 잃어버렸다. 이제 미소에게 남은 것은 술뿐. 그녀는 필사적으로 위스키라는 자신의 취향을 지킨다. 그녀도 행복하게 살고 싶은 것이다. 영화를 따라가다 보면 편안히

바에 자리를 잡고 앉아 맛을 보는 위스키 한 잔이 그녀의 행복이자, 꼭 지켜야만 할 존엄이자, 그녀의 실존을 증거하는 알리바이 같다는 생각이 문득 든다.

가난은 추상이 아니다. 가난은 〈소공녀〉가 보여주듯 삶의 가장 디테일한 부분까지 옭아맨다.

미소와 반도체 산업의 노동자들에겐 공통점이 있다. 행복하게 살기를 바란다는 것이다. 그 이상의 인생 목표가 있는지는 모르겠지만 일단은 행복이 먼저다. 앞선 글에서 말한 자발적으로 증발해버리는 일본인들 역시 자신의 삶이 행복하길 바랐다.

하지만 행복은 어렵다. 우리 사회에서 행복한 삶이라고 하면 언뜻 번듯한 직장에, 평수 넓은 자가 아파트에, 단란한 가족을 떠올리게 되지만, 그런 조건들을 이루려면 아주 큰 비용이 든다는 사실을 누구나 알고 있다. 서울의 아파트는 세계에서 가장 비싼 축에 들고, 대기업에 취업을 하려면 어려서부터 큰 투자가 있어야 하고, 자가 아파트와 안정된 직장이 없이는 어떤 가족도 단란하기는 어렵다. 단란한 가족은커녕, 결혼하고 자식을 낳는 일도 어렵다.

하지만 우리는 그 모든 것을 다 가진 듯한 사람의 삶도 불행할 수 있다는 사실을 안다. 미소가 하나도 갖지 못한 그 모든 것을 다 가진 사람도 불행한 삶을 살 수 있다.

알랭 바디우Alain Badiou의 『행복의 형이상학』에도 우리와 비슷한 행복의 기준이 나온다. 바디우에 의하면 현대인에게 행복은 흔히 "만족스러운 직장, 매력적인 배우자와 아이"[12]가 있는 장소를 점유하는 일이다. 한국인들과 비슷하다. 우리는 명문대학에 다닐 성적을 만드느라 어린 시절을 보내고, 대기업에 취업할 스펙을 쌓느라 젊음을 보내고, 비싼 아파트를 자가로 소유하려고 평생을 보낸다. 그렇지 않으면 "매력적인 배우자와 아이"를 얻기 어렵다.

이것이 현대인 삶의 스탠더드이자 가치관이다. 미소 친구의 "언니, 집 없어요?" 하는 물음은, 그러므로 "언니, 행복 없어요?" 하는 물음이 된다. 하지만 집이라는 행복은 너무 비싸져서, 이제 정상적인 방법으로는 이루기 어려운 꿈이 됐다.

삼성 반도체 공장에서 일했던 한 노동자는 산업재해 판정을 받기 위해 십 년 가까이 싸워야 했다. 공장에서 뇌종양에 걸린 그는 십 년이 걸린 다툼 끝에서, 마침내 세상에 삼성의 부정의를 알릴 수 있었다. 그 와중에 삼성은 고 황유미 노동자 때처럼 "10억 원을 줄 테니 산재 소송을 하지 말라고 회유"[13] 하기도 했다. 10억 원이란 돈은 서울의 아파트를 살 수 있는 돈, 하지만 바디우가 말한 행복 아닌 만족, "행복의 유사물"이다.

2018년, 삼성은 산재 피해자들에게 공식 사과하고 보상을 약속했다. 보상액은 그들이 피해자들을 회유하려고 내 건 액수보다 터무니없이 적은 것이었다. 이날 "이정미 정의당 의원은 인사말에서 '피해자들이 통상적인 산재 보상액보다 낮은 보상액을 수용하면서까지 보상 범위를 넓히고자 했다.'고 밝혔다. 피해자들이 자기 몫의 보상을 키우기보다, 다른 피해자들에게도 보상이 이뤄지게끔 하도록 애썼다는 뜻이다."[14]

산재는 인정받았고 산재 피해 노동자들에 의해서, '반올림' 같은 사회단체들의 수고로 작은 혁명이 일어났다. 정의는 실현되었고, 세계의 일부가 변화했다. 반도체 산업의 피해자들은 바디우가 말한 진정한 삶의 기준을 선택하고 행복을 찾은 것이다. 물론 싸움은 끝나지 않았다. 사과는 받았지만 반도체 산업의 노동자들을 여전히 싸우고 있다. 반도체 공장의 화학물질은 태아에게도 영향을 미쳐 노동자들의 2세들에까지 산재를 가하고 있는 것이다.

4

우리는 왜 매끄러움을
아름답다고 느끼는가?

재독 학자 한병철의 『아름다움의 구원』(이재영 옮김, 문학과지성사, 2016년)은 "오늘날 우리는 왜 매끄러움을 아름답다고 느끼는가?"[15] 하는 물음으로 시작한다.

내가 알기로 미학에서 매끄러움이 주목을 받았던 적은 없었다. 왜냐하면 예술가가 도구를 이용해 자연의 재료를 가공해 만드는 것이 예술 작품이고, 그 과정에서 거친 가공의 흔적이 남기 마련이라는 생각이 당연하게 받아들여졌기 때문이다. 인간의 손이 오간 인공물에, 돌을 깎거나 물감을 칠하거나 거푸집을 사용한 자국이 남는 것은 자연스럽다.

〈풍선 개Balloon Dog〉, 제프 쿤스jeff koons, www.jeffkoons.com

도구가 지나간 거친 자국을 적극적으로 활용하는 기법도 있다. 임파스토^{impasto}는 아예 물감을 몇 겹씩 두껍게 발라 "대상 표면의 매끄럽지 않은 질감을 나타내는"(고려대한국어대사전) 회화 기법으로 널리 쓰이고 있다. 꼭 임파스토가 아니더라도, 다빈치의 〈모나리자〉나 미켈란젤로의 〈다비드 상〉에 붓질이나 끌로 긁은 흔적이 있다고 트집 잡는 사람은 없다.

하지만 제프 쿤스의 〈풍선 개〉는 제목 그대로, 흠집 하나 없이 풍선을 불어 만든 모양새의 작품이다. 풍선은 흠집이 나면 터진다. 이 같은 풍선의 성질은, 쿤스식 매끄러움의 미학에 개연성을 제공한다. 풍선 개가 터지지 않고 풍선 개로 남기 위해선 표면이 흠 하나 없이 매끄러워야 한다.

한병철이 말하는 매끄러움은 지금 우리가 사는 대중 소비사회의 상품 미학이자 주류 미학이다. 상품의 세계에서는 흠 없는 매끄러움이 표준이 됐다. 우리는 이음매가 없는 아이폰의 디자인을 보고 예쁘다고 하고, 더 매끄러운 신체를 갖기 위해 브라질리언 왁싱을 하고, 끊김 없는 상태를 지향하는 이동통신 기술은 5세대에 이르렀다. 우리는 인터넷 쇼핑몰에서 주문한 물건에 긁힌 흠집이 있으면 환불 요청을 한다. 대중소설의 미덕은 매끄럽게 잘 읽혀야 한다는 것이고, 포르노그래피의 성적 판타지에는 도취의 흐름을 끊는 망설임이나 고뇌, 고통이 없다.

매끄러움은 우리의 감각에서 흠, 상처, 끊김, 더러움, 고통을 제거해 부정성의 영역으로 넘기고, 매끄러움 자신은 어느새 "긍정적인 즐거움"[16]뿐인 긍정성의 영역이 된다.

한병철은 플라톤까지 거슬러 올라가면서, 매끄러움의 미학이 예술이 아니며 상품 미학일 뿐임을 증명한다. 이를테면 독일 철학자 "가다머Hans-Georg Gadamer는 부정성이 예술에 본질적이라고 보았다."[17]

하지만 긍정성 / 부정성 혹은 매끄러움 / 숭고의 구분은, 저자가 '아름다움'의 개념과 감각이 과거로부터 어떻게 변해왔는지 보여준 것처럼, 고정되고 불변하는 경계를 가진 범주가 아니다.

예술은 언제나 그 예술을 가공한 인간이 속한 세계를 반영해왔다. 매끄러움의 미학이 아직은 예술이 아닐지라도, 지금처럼 매끄러움이 상품과 대중문화의 영역에서 환영받는다면, 쿤스의 〈풍선 개〉처럼 조만간 예술의 주류가 될 것이다.

알레한드로 이냐리투 감독의 〈버드맨〉도 매끄러움의 미학을 스크린 위에 구현한 영화다. 영화 장르가 예술 / 대중문화, 작품 / 상품 사이의 애매한 위치에 있는 것처럼 〈버드맨〉 역시 대중문화의 미학들을 적극적으로 수용하면서, 한편으로는 여러 영화제에서 예술성을 인정받았다.

〈버드맨〉은 슈퍼히어로 무비의 장르 형식을 주인공 리건의 망상 속에서 차용해서 현실과 망상 두 세계를 오간다. '버드맨'은 리건의 망상 속에서 활약하는 슈퍼히어로로 또 다른 리건이다. 그는 현실에선 딸에게도 무시당하는 왕년의 은막의 스타지만, 망상 속에선 여전히 세상을 주름잡는 영웅이다.

감독은 〈버드맨〉을 쿤스의 〈풍선 개〉처럼 한 번의 끊김도 없는 원 숏 형식으로 만들었다. 때문에 관객은 영화를 보는 두 시간 내내 그저 형식만으로도 독특한 영화적 체험을 할 수 있다. 즉 장면 단위로 나뉘는 불연속적이고 분절적인 영화 속 세상이 아니라, 모든 순간이 연속성과 총체성을 유지하며 흘러가는 진짜 세상을 '영상'을 통해 마주하게 된다. 영화 속 시간의 흐름을 현실과 똑같이 만듦으로써, 현실은 더욱 현실 같고, 현실과 대비되는 리건의 망상은 더욱 망상 같아진다.

이는 매끄러움의 미학을 영화 속 시간 흐름에 적용한 결과다. 하지만 매끄러움은 〈풍선 개〉와 〈버드맨〉에서 서로 다르게 쓰인다. 〈풍선 개〉의 매끄러움은 표면의 매끄러움이다. 우리는 표면만을 보고 저 파란 개가 풍선처럼 가볍고 둥둥 떠오를 수도 있을 것이라고 상상한다. 하지만 사실 〈풍선 개〉는 스테인리스 스틸로 만들어졌고 떠오르기엔 지나치게 무게가 많이 나간다. 제프 쿤스는 전시실에서 관람객이 손을 뻗어 작품을 만져볼 수

〈버드맨〉 포스터, 알레한드로 이냐리투Alejandro Gonzalez Inarritu, 2015년

없다는 금기를 이용해, 금속의 표면을 매끄럽게 다듬어 풍선처럼 보이게끔 눈속임했다.

그래서 〈풍선 개〉의 흠 하나 없는 표면 아래에는, 매끄러움의 미학에 의해 부정적이라며 쫓겨난 육중함, 투박함, 딱딱함, 거침, 비가역성 같은 성질들이 억압되어 잠재돼 있다.

영화 자체는 물성을 가지지 않으므로, 〈버드맨〉의 매끄러움은 영화 속 관찰자의 역할을 하는 카메라의 시선에 의해 구현된다. 이 카메라라는 관찰자의 시선은 한 번도 끊기거나 사라지거나 다른 관찰자로 바뀌지 않고 러닝타임 내내 연속성을 유지한다(이 연속성은 편집 과정에서 컴퓨터그래픽 기술로 장면들을 이어 붙여 원 숏 영화처럼 보이게 만든 원 컨티뉴어스 숏 기법의 결과일 것이다). 카메라가 아닌 진짜 인간의 눈으로 보는 것처럼.

우리는 잠들거나 정신을 잃지 않는 한, 우리 앞의 세상에서 눈을 떼지 않는다. 실재 세상은 우리 눈앞에서 절대로 순간순간 끊기지 않는다. 세상은 우리가 본 대로, 보는 대로 흘러간다. 〈버드맨〉은 관찰자의 시선을 원 숏으로 유지함으로써, 실재 세상과 같은 총체성의 감각을 재현한다.

따라서 관객은, 관찰자의 눈을 따라 이음매 없이 완전하게 구현된 세상을 총체적으로 감각하게 되고 실재 세상을 대하듯 몰입하게 된다. 이러한 총체성에의 감각은, 장면별로 나눠 찍어 시간적 연속성을 감각하기 어려운 보통의 영화에서는 얻기 힘든 감각이다.

〈풍선 개〉와 달리 〈버드맨〉에서의 긍정성이란 세상의 총체성을 말하며, 그 총체성은 예술이 궁극적으로 실현해야 할 세계다. 예술이 지향하는 완전성이란 바로 총체적으로 구현된 하나의 세계다. 이때, 〈버드맨〉의 매끄러움에 의해 거부되는 부정성이란 분절되고 불연속적인, 시간적으로 파편화된 세계가 된다. 매끄러움의 미학은 이렇게 두 작품에서 의미도 기능도 달라진다.

〈버드맨〉은 한창때 슈퍼히어로 무비에서 '버드맨'으로 출연해 사랑을 받았던 영화배우의 이야기다. 주인공 리건은 은퇴하지 않고 다시 한번 배우의 꿈을 꾼다. 문제는 할리우드에서는 더는 기회가 없다는 사실. 그래서 그는 할리우드가 아니라 뉴욕의 브로드웨이 연극 무대에서 꿈을 이루려 한다. 여기서 등장하는 것이 고급예술(연극) / 대중예술(영화)의 위계다.

예술의 위계는 대중에게는 잘 알려져 있지 않지만, 예술계 내부에서는 때로 심각한 갈등을 빚기도 한다. 연극 비평가 타비사는 리건을 앞에 두고 "당신 연극을 박살"내겠다고 공언한다. 그녀에게 그는 연극계에서 거부해야 할 '부정성'이다. 왜냐하면 그가 그저 돈과 인기가 목적인 영화배우이기 때문이다.

타비사는 말한다. "난 당신이 싫어요. (…) 예술을 한다면서 (…) 만화나 포르노를 가지고 상을 나눠 갖고 주말에 벌어들인 돈으로 성공을 측정하죠." 리건은 불같이 화를 낸다. "난 망할 배우라고. 이 연극에 모든 것을 걸었어. 사악하고 비겁한 쓰레기 비평가."

전혀 상반된 주장이지만 둘의 말은 조금의 꾸밈도 없는 진심이다. 리건은 이번 연극에 전 재산과 인생을 걸었고, 타비사는 정말로 그의 "연극을 죽일" 생각이다. 하지만 돌발 사건이 벌어진다. 리건은 무대에서 진짜 총으로 자신을 쏴 멀쩡한 코를 날려 먹는다.

이 쇼인지 행위예술인지 충동적인 자살 시도인지 뭔지 모를 아리송한 사건이 비평가 타비사의 생각을 바꾼다. 그녀는 그제 야 리건의 진정성을 인정하고, 그가 "자신도 모르게 새로운 예술 분야를 개척"했다며 추켜세운다. 진짜 총으로 쏴서 죽을 뻔 했으니 그보다 더한 진정성은 없다. 싸구려 흥행배우가 한순간 에 예술가가 된다.

결말부에서 관객은 침대에 누운 리건의 얼굴을 보게 되는 데, 새 코를 달고 붕대를 감은 그의 얼굴은 흉측하다. 새 코를 꿰 맨 자국은 매끄러움과는 정반대다. 잘생긴 스타의 얼굴에 상처 가 나고 여기저기 흠 같은 흉터가 생겼다. 여기서 다시 한번 매 끄러움과 숭고의 대립이 나타난다.

숭고란 "크고 육중하고 어둡고 거칠고, 매끄럽지 않다. 숭고 는 고통과 공포를 야기한다."[18] 리건의 흉측한 모습이 숭고 그 자체다.

은막의 스타였던 리건의 삶은, 표면적으론 〈풍선 개〉처럼 흠 하나 없이 매끄러운 삶이었다. 하지만 그의 망상 속 버드맨 은 숭고의 화신이다. 그는 하늘을 날며 인간들을 공포에 떨게

〈버드맨〉 중에서, 마지막 장면

하고 세상을 파괴한다. 두꺼운 갑옷을 걸친 그는 보기에도 어둡고 육중하다. 얼굴이 망가진 리건은 영화 말미에서 망상 속의 버드맨을 현실로 불러들인다.

드디어 현실의 자아와 버드맨 망상이 일체가 되고, 둘로 나뉘었던 리건의 실존은 총체성을 회복한다.

〈버드맨〉은 리건이 총체성이라는 긍정성을 회복하는 과정을 보여준다. 총체성이 회복되는 과정은 원 숏 형식에 의해, 그리고 리건이 진짜 배우로 거듭나는 서사에 의해 실현된다. 이 두 과정을 통해 영화는 예술적 가치를 획득한다.

영화는 입원실 창밖을 내다보는 리건의 딸 샘의 시선을 따라가며 끝난다. 샘이 병원 창밖 허공에서 눈으로 좇던 것은 무

엇이었을까? 환하게 미소를 짓고 있으니 불길한 것은 아닐 것
이다. 진짜 새처럼 훨훨 창공을 나는 긍정적인 존재, 새로운 버
드맨이라면 더할 나위 없을 것이다.

5

우린 그냥 벌레야,
모르겠니?

자인은 나이를 모른다. 자인을 진찰하면서 소년 교도소의 의사는 "젖니가 다 빠졌으니까 열두 살 아니면 열세 살일" 거라고 짐작을 할 뿐이다.

자인은 속옷 차림으로 손을 뒤로 하고 수갑이 채워진 채 법정으로 들어간다. 법정에서도 나이가 문제가 된다. 원고로 출석한 부모도 그의 생년월일을 모른다. 그는 출생증명서도 없고 출생신고를 한 적도 없다. 어떻게 된 일일까.

나딘 라바키 감독의 〈가버나움〉의 시작부터 끝을 가로지르는 화두는 출생이다. '출생'에는 두 가지 의미가 있다. 하나는

"태어남"이고 다른 하나는 법률용어로 "사람이 권리 능력을 취득하기 시작하는 시기를 이르는 말"(국립국어원 표준국어대사전)이다.

자인을 따르면 출생은 레바논의 베이루트에서는 이 두 가지 의미 모두에서 잘못이자 죄이다.

자인은 부모를 고소하고 법정에 세운다. 자신을 태어나게 한 것이 부모의 죄다. 이 나라에서는 출생 자체가 잘못인데, 왜냐하면 부모는 아이를 돌보지 않고, 아이는 어렸을 때부터 폭력과 학대에 노출되며, 주변에서 듣는 말이라곤 "쌍놈의 새끼"라는 욕뿐이기 때문이다.

그 정도면 다행이다. 아직 어린아이인 여동생 사하르는 동네 청년에게 팔려 가 강제로 결혼을 한다. 여기서는 법률적 의미에서 출생이 문제가 된다. 그녀는 임신을 했는데 하혈이 시작돼 병원으로 간다. 하지만 그녀는 병원엔 들어가 보지도 못하고 "병원 문턱"에서 죽는다. 병원이 그녀를 거부한 이유는 출생증명서의 부재다. 오빠 자인과 마찬가지로 그녀에겐 자신을 법적으로 증명할 서류가 없었던 것이다. 따라서 그녀에겐 치료를 요구할 권리도 없다.

또 다른 등장인물 라힐도 서류가 문제다. 혼자 젖먹이를 키우며 힘겹게 삶을 이어나가는 그녀를 위협하는 것은 체류증이다. 에티오피아 출신인 그녀는 체류증을 갱신하지 못하면 경찰에게 아들을 빼앗기고 추방을 당하게 된다.

체류증을 위조해주겠다며 접근한 브로커는 아들의 출생을 빌미로 라힐을 협박한다. 남에게 아들을 입양시키지 않으면 사랑하는 아들은 불법적인 존재가 되어 "평생 햇빛도 못 보고 학교에도 못 갈" 것이다. 출생을 증명할 수 없는 아들은 "태어나기도 전에 죽은 거나 마찬가지"다.

〈가버나움Capernaum〉 포스터, 나딘 라바키Nadine Labaki, 2019년

〈가버나움〉에서 삶이 파괴되는 인물들은 모두 난민이다. 자인의 가족은 시리아 난민이고 라힐 모자는 에티오피아 난민이다. 다들 어떻게든 살려고 레바논을 선택한 이들이다. 하지만 자인의 가족, 라힐의 가족은 레바논에서 살 수도 없고 레바논을 떠날 수도 없다. 자인은 라힐의 아들을 브로커에게 넘기고 레바논을 떠날 기회를 얻지만, 그 기회마저 출생증명서가 없어 막혀버린다.

그들에게 놓인 선택지는 "서류 없는 삶을 인정하고 살든지, 창밖으로 뛰어내리든지 둘 중 하나"뿐이다.

이들 난민에게 출생은 우리가 흔히 생각하듯 신성한 것도 아니고 축복받을 일도 아니다. 자인은 법정에서, 판사가 부모에게 원하는 것이 있는지 묻자 이렇게 답한다. "애를 그만 낳게 해주세요."

자인이 보기에 난민들은 출생 자체가 불법이다. 그들은 태어나자마자 레바논 사람들과 동일하지 않은, 합법적으로 차별받는 타자가 된다. 자인이 서류를 달라고 하자 그의 아버지는 말한다. "우린 그냥 벌레야, 모르겠니?"

〈가버나움〉은 천진난만한 어린아이의 시선으로 그려진 정감 어린 영상이 워낙 매력적이라, 관객들은 영화 속 난민들이 하찮은 벌레 같은 삶을 실제로 산다는 사실을 잊고 만다. 하지만 출생신고도 할 수 없는 그들은 레바논의 시민과 조금도 동일하지 않은, 절대적 타자의 삶을 살고 있다.

우리는 출생 자체가 차별의 근거이자 불법이 되는 다른 예들을 알고 있다. 나치 치하의 유대인들이나, 아직도 인종 차별을 겪고 있는 흑인들의 이야기다. 윌리엄 포크너가 『윌리엄 포크너』에 수록된 단편소설 「그날의 저녁놀」에서 그려 보이는 인종 차별의 현실은 〈가버나움〉의 정감 어린 영상과는 달리 가차 없다.

〈가버나움〉에서 레바논인과 난민들은 적어도 함께 생활하는 정도의 친밀함과 동일성은 있었다. 하지만 「그날의 저녁놀」의 백인과 흑인은 일상의 동일성도 공유하지 않는다. 백인들은 흑인을 부르러 그들의 오두막에 가서는, 멀찍이 떨어져 잠에서 깰 때까지 돌을 던진다. 백인 스토벌은 흑인 낸시를 성적으로 착취하고 나서는 폭력으로 입을 다물게 한다. 그는 푼돈 몇 센트를 주기 싫어 그녀를 넘어뜨리고는 "뒤꿈치로 그녀의 입을 찍었고"19, 그 일로 그녀는 치아를 잃고 얼굴이 함몰된다.

낸시는 자살을 시도하지만 백인 간수는 흑인이 자살을 할 수 있다고 믿지 않는다. 근대 이후 서양에서 자살은 자신의 생사를 스스로 결정하는, 지극히 개인적인 행위로 받아들여졌다.

『윌리엄 포크너』, 윌리엄 포크너 지음, 하창수 옮김, 현대문학, 2013년

하지만 백인 간수가 보기에 흑인은 개인이 아니며, 따라서 자살은 생각할 수도 없다. 백인에게 흑인은 개인이라는 독립적인 주체가 되기에는 온전치 못한 존재다. 백인의 영혼, 백인의 인격, 백인의 정신 같은 개인 주체를 구성하는 요소들이 흑인에게는 없다.

주체를 구성할 수 없으니 흑인은 개인이 될 수 없고, 따라서 자신의 운명을 스스로 결정할 수 없고, 결국 흑인이 자살하는 일은 불가능하다……. 이런 논리로 백인과 흑인은 동일하지 않다는 결론이 나온다. 백인과 흑인이 동일하지 않다는 결론은 다시 한 바퀴를 돌아 인종 차별을 합리화하는 근거가 된다. 백인은 독립된 자유로운 개인 주체지만, 흑인은 백인에 종속되어야만 하는 노예다.

백인과 흑인은 동일자가 될 수 없고, 백인이라는 동일자에 대해 흑인은 타자, 짐승이 된다. 낸시는 자신을 "한 마리 깜둥이"[20]라고 부른다. 흑인을 세는 단위는 '마리'다. 미국 남부에 사는 흑인인 그녀는 레바논에 사는 시리아인인 자인과 비슷한 말을 한다. "난 지옥에서 태어났단다. (…) 나는 곧 사라져버릴 거야."[21]

다른 단편 「붉은 나뭇잎」은 흑인 노예를 부리는 인디언들의 이야기다. 미국이란 국가에서 인종 차별의 구조가 보기보다 복잡하다는 사실을 포크너는 소설로 보여준다. 일종의 지주인 인디언들은 백인처럼 흑인을 부린다. 흑인들에게 "땅을 개간하게 하고, 곡식을 심고, 깜둥이 애들을 기르고, 그런 다음엔 그들을 백인들에게 팔아 돈을 벌"[22] 생각을 한다.

인디언들은 부족의 추장이 죽자 추장의 노예였던 흑인을 순장하려 한다. 흑인 노예는 당연히 산 채로 묻히기 싫어 도망치고, 인디언들은 인간 사냥에 나선다. 그들은 도망 노예가 어째서 죽기 싫어하는지 이해하지 못한다. 낸시의 자살을 이해하지 못하는 백인 간수처럼, 인디언들은 흑인들도 생존 본능을 갖고

있다는 생각을 하지 못한다. 인디언과 흑인은 죽고 사는 문제에
서조차 동일하지 않다.

또 다른 단편 「와시」에서는 부자 백인과 가난한 백인 사이
의 차별이 등장한다. 서트펜 대령은 남북전쟁에서 살아 돌아온
영웅이자 마을의 권력자다. 백인인 와시는 환갑이 되도록 대령
의 머슴처럼 지내며 판잣집에서 비루하게 산다. 전쟁에 참전하
지 않았다는 이유로 흑인들에게까지 '백인 쓰레기'로 불린다.
그는 마을에서 흑인보다 못한 존재다.

와시는 현실을 인정할 수 없다. "성경이 신의 저주로 태어
난 짐승이자 노예라고 가르쳤던 깜둥이들이 자신보다 더 좋은
집에 살며 더 좋은 옷을 입는 현실"[23]을 받아들일 수 없어 갈수
록 백인 지배자인 서트펜을 우상화하고, 나중엔 신처럼 모신다.

이 두 백인들 사이에서 차별이 드러나는 순간은, 와시의 손
녀딸이 출산을 했을 때다. 손녀딸을 임신시킨 서트펜은 출산 때
찾아와 자신의 아이를 낳은 손녀딸을 망아지에 비유한다. 와시
는 비로소 대령과 자신이 피부색만 같게 결코 동일한 지위에 있
지 않음을 깨닫는다.

와시는 용기를 짜내 묻는다. "저 아이가 암말이었으면 마구
간에다 좋은 자리를 마련해줄 수 있었다는 겁니까?"[24] 그와 손

녀딸은 서트펜에게 가축이나 다름없다. 울분을 느낀 그가 다가가자 서트펜은 말채찍을 들어올리며 자기 몸에 손대지 말고 물러서라고 소리를 지른다.

〈가버나움〉과 포크너의 세 단편은 같은 것을 보여준다. 동일자와 타자 사이의 차별 말이다. 차별하고 차별받는 이들의 관계는 작품마다 다르다. 〈가버나움〉은 레바논인과 난민의 관계고, 「그날의 저녁놀」은 백인과 흑인의 관계, 「붉은 나뭇잎」은 인디언과 흑인의 관계다. 「와시」는 백인과 백인의 관계에서 나타나는 차별이다. 약자의 실존을 위협한다는 점에서 동일한 차별이, 여러 상이한 관계들 속에서 발생하고 있다. 이들 차별에서 국적, 인종, 피부색, 계급 같은 차이들은 본질적인 문제가 아닐 수 있다.

차별은 인종이나 국적, 법적 신분에 근원이 있는 것이 아니다. 피부색이나 출생증명서는 차별의 빌미가 될 수는 있을지언정, 차별을 발생시킨 근원은 될 수 없다. 우리는 차별이 여전한 사회들 너머에, 인종이나 신분의 문제를 이미 슬기롭게 해결한 사회들이 있다는 사실을 알고 있다. 한 사회에서 차별을 불러오는 차이들이 다른 사회에선 문제가 되지 않는다는 사실을 알고 있다.

〈가버나움〉 중에서

차별을 발생시킨 근원에는 동일자와 타자의 문제가 자리해 있다. 차별하는 동일자와 차별받는 타자라는 이 두 지위는 인종이나 세습 신분처럼 타고난 것도, 계급처럼 후천적으로 주어진 것도 아니다. 작위적으로 그어진 경계에 의해 그때그때, 역사적으로 구조적으로 만들어지고 해체되는 일시적인 지위들이다. 거역할 수 없이 자연적으로 주어졌거나 숙명처럼 바꿀 수 없는 것이 아니다. 동일자와 타자는 우리가 스스로 만들어 스스로를 가둔 인공적 경계다.

인공물이므로 우리는 의식적인 노력에 의해, 다음 장에서 다시 말하겠지만, 동일자와 타자의 관계를 긍정적인 관계로 다시 만들 수도 있다.

당신들,
정체가 뭐야?

드문 일이지만 어떤 철학적 진술들은 시처럼 들리기도 한다. 『입장들』에 수록된 「'광기'가 사유를 감시해야 한다」라는 대담에서 자크 데리다는 말한다.

· · · · · · · · ·

나는 항상 내게는 나의 언어와 타자의 언어(매우 단순화시켜 말하면)라는 하나 이상의 언어가 존재하며 존재해야 한다고 생각하며 나는 타자의 언어가 나의 언어로 고통을 당하지

않으며 그럼으로써 나를 받아들이고 여기에 함몰되거나 통

합됨이 없이 나의 언어의 호의를 받아주도록 글을 쓰려고

노력합니다.[25]

데리다의 이 언어관은 곧 그의 윤리관이자 정치관이기도 하
다. 왜냐하면 언어란 말해지고 쓰이는 순간 자기 자신뿐만 아니
라, 그 말과 글에 의해 영향 관계에 놓이는 모든 이들에게 윤리
적이고 정치적인 의미를 갖기 때문이다. 언어는 누가 말하고 누
가 쓰느냐 못지않게 누가 듣고 누가 읽느냐도 늘 고려해야 한다.

나의 언어뿐만 아니라 타자의 언어 역시 존재해야 한다는
생각은 당연하게 들리지만, 막상 실천하기는 쉽지 않다. 일상에
서 우리는 이런저런 이유로 친구나 가족의 말을 흘려듣고 무시
한다. 지배적 위치에 있는 강자에게, 자신을 불편하게 만드는
요구를 담고 있는 약자들의 언어는 잘 들리지 않거나 아예 없는
듯이 취급되기도 한다.

국가 간의 힘을 겨루는 국제 역학 관계에서 언어 문제는 더
욱 예민하다. 한 나라의 정체성을 구성하는 요소의 하나가 바로
그 나라의 언어이기 때문이다. 다른 언어를 쓰는 나라가 이웃
나라를 침범하고 점령했을 때, 피해국의 언어도 그 나라의 시민
들만큼 수모를 당하고 고통을 겪는다. 한국어도 일제 강점기에

수모와 고통을 감내해야 했다. 강대국의 언어와 약소국의 언어는 같은 언어가 아니다. 두 나라의 시민들이 그런 것처럼 동등한 지위에 있지 않다.

'위안부'라는 말 자체를 부정하고 역사에서 지워버리려는 일본의 시도만 봐도, 타자들의 언어와 함께 공존하는 일이 얼마나 어려운지 알 수 있다. 강점에서 벗어나고 80여 년이 지난 지금도 일본은 우리의 언어에 대해 점령국의 입장에서 시시비비를 가리려 든다.

타자의 언어가 존재해야 하고 공존해야 한다는 당위는, 데리다 같은 삶의 이력을 가진 이가 아니면 생각해내기 쉽지 않다. 그는 프랑스의 식민지였던 알제리에서 유대인의 아들로 태어나 제2차 세계 대전과 알제리 독립 전쟁을 겪었다. 그는 식민지 태생이라서, 그에 더해 유대인이라서 이중의 차별을 겪었을 것이다. 우리의 일제강점기를 떠올리면, 성장기에 그가 약자로서 겪어야 했을 고뇌와 고통을 짐작할 수 있다.

그래서 언어에 대한 데리다의 진술은 울림이 있다. 나의 언어로 타자의 언어가 고통당하지 않도록 해야 한다는 당위는, 그 자신의 식민지민 이력에서 나왔을 것이다. 타자의 언어가 고통당하지 않게 하려면, 나의 언어에 "함몰되거나 통합"되도록 강제하지 않아야 한다. 나의 언어와 동등한 언어로 배려해야 한다.

강자는 자신의 정치적 입장과 경제적 이익을 강제하기 위해 먼저 약자의 언어를 억압하고 묵살하고 부정한다. 약자의 언어를 억압하는 것이 육신을 구속하는 일보다 효과적일 수 있다. 인간의 정체성은 무엇보다 언어로 구성되기 때문이다.

약자의 언어를 억압하려는 시도는 차별적 관계가 끝나도 좀처럼 사라지지 않는다. 언제라도 약자의 언어는 강자의 행위를 고발하는 언어가 될 수도 있기 때문이다. '위안부'가 그렇다. 일본이 '위안부'라는 단어를 부정하고 역사에서 지워버린다면 피해 사실도 사라져버린다. 인권을 유린당한 식민지 여성이라는 정체성, 일본의 사죄를 받아내고 책임을 물어야 하는 반인륜 범죄 피해자라는 입장도 함께 부정되고 지워져버린다. 이것이 일본이 그토록 '위안부'라는 단어에 집착하는 이유이고, 언어가 가진 영향력이자 위력이라고 할 수 있다.

〈어스〉는 자크 데리다가 말한, 나와 타자의 영향 관계가 가지는 여러 의미를 중의적으로 형상화해 보여주는 영화다. 제목의 'Us'에는 먼저 주인공 가족을 가리키는 '우리'라는 의미가 있고, 이념이나 이익을 공유하는 '우리' 집단이라는 의미도 있다. 알파벳 기호만 보면 '미국'이다. 또 '우리'는 철학에서 '동일

〈어스Us〉, 조던 필Jordan Peele, 2019년

자'로 쓰기도 한다. 인종이나 계급, 역사에 있어서 동일한 집단
이라는 의미다.

영화의 서사는 놀이공원에서 레드가 자신과 똑 닮은 윌슨에
게 납치되는 사건으로 시작된다. 레드는 사라지고 윌슨은 레드
행세를 하며 레드로 살아간다. 그러고 30여 년이 지난 현재, 그
납치되었던 레드가 성인이 되어 윌슨을 찾아온다. 윌슨은 원래
레드의 자리(이름을 포함해서)여야 했던 지상의 세계에서 행복한
가정을 꾸리고 잘살고 있지만, 원한을 갚을 기회를 얻은 레드의

〈어스〉의 지상 세계의 윌슨 가족

가족에 의해 위기를 겪는다.

개봉 당시 〈어스〉를 보고 나온 관객들은 영화의 해석을 두고 의견이 분분했다. 윌슨 가족과 레드 가족 사이의 갈등을 어떻게 해석할 것이냐가 문제였다. 영화 초반부만 보면 인종과 계급 갈등으로 읽힌다. 영화를 즐겨보는 관객들은 일단 흑인이 주인공으로 나오면 인종 차별 코드로 읽으려는 조건반사가 발동된다. 곧이어 가난한 가족이 부유한 가족을 위협하고 폭행하는 장면에서는 빈부 갈등, 계급 갈등 이슈가 자연스레 떠오른다.

다른 해석도 있다. 혼란에 빠진 윌슨이 "당신들, 정체가 뭐야?"라고 묻자 레드는 "우린 미국인이야." 하고 답한다. 이는 미국인과 비미국인 사이의 정체성 갈등으로 해석할 수 있다. 트럼프 전 대통령이 멕시코와의 국경에 세운 장벽은 사실상 미국인

〈어스〉의 지하 세계의 윌슨 가족

이라는 정체성 앞에 두른 차별적 장벽이었다. 영화 첫 장면에서 600만 명의 미국인들은, 손에 손을 잡고 '선한 사마리아인'이라는 타이틀의 기나긴 인간 띠를 만든다.

〈어스〉가 인종과 계급 갈등을 다룬 영화라는 해석은 중반을 지나면서 깨진다. 윌슨의 백인 친구인 타일러 가족에게도 그들과 똑 닮은 백인 가족이 나타나 목숨을 빼앗기 때문이다. 일체의 설명적 대화 없이 폭력 행위로만 이뤄진 이 장면에서 관객은, 이 영화가 더 이상 인종 차별이나 빈부 격차를 고발하는 영화가 아님을 깨닫는다. 그 대신 이전의 해석들을 뒤엎으며, 아직 근원이 밝혀지지 않은 광기가 영화에 드리워지기 시작한 것을 본다.

6장
당신들,
정체가 뭐야?

073

어린 레드와 윌슨이 바꿔치기 된 장소를 보면 자아와 무의식 사이의 갈등을 떠올릴 수 있다. 해변 유원지에 있는 그곳에는 "너 자신을 찾아라."라는 간판이 달려 있다. 현재의 자신을 부정하고 싶은 사람에게, 무의식은 진정한 자신이 잠들어 있는 장소일 수 있다.

수수께끼가 풀리는 영화 후반부에 이르러서는 앞서 말한 갈등의 해석들에, 지상 세계와 지하 세계의 갈등이 더해진다. 지상에는 레드 같은 원본 인간들이 살고 지하에는 미친 과학자들이 만들어낸 윌슨 같은 복제본 인간들이 살고 있는데, 이번에 모두 지상으로 올라와 세상을 뒤집는 것이다.

너무 많은 갈등들이 교차되어 있어 〈어스〉를 해석하는 일을 어렵게 한다. 하지만 그중 어느 해석도 틀리지 않았다. 〈어스〉는 인종 차별 코드를 깔고 있고(흑인과 백인은 친구는 되어도 가정을 구성하지는 않는다), 빈부 격차가 원한의 주된 동력이고(지상에서 윌슨이 중산층으로 성장하는 동안 지하에서 레드는 "피 묻은 토끼의 날고기"로 연명한다), 미국인이라는 정체성을 둘러싼 갈등이기도 하다(영화 종반부에 지하 세계 사람들에 의해 두 번째 인간 띠가 새롭게 만들어진다).

그리고 복제본 인간들의 얼굴에 노골적으로 드러나는 광기를 보면 이는 이성과 광기의 갈등이기도 하다. 그 광기가 존재하는 장소가 지하 세계이며 무의식이므로 〈어스〉가 지상과 지하, 자아와 무의식의 갈등을 형상화했다는 해석도 옳을 것이다.

대부분의 대중적인 영화들은 갈등을 한두 가지로 단순화시켜 관객들에게 더 큰 공감을 얻어내려 한다. 하지만 우리는 때때로 그런 대중영화들의 단순함보다, 〈어스〉의 혼란스러운 복잡함이 현실을 더 제대로 설명해준다는 사실을 알고 있다. 혼란과 복잡다단함이 세상의 진실 같다. 그렇지만 세상의 진실을 해치지 않으면서 우리는, 이 영화의 혼란과 복잡함을 더 깊은 곳에서 단순하게 바라볼 수 있다.

앞서 인용한 데리다 대담의 제목은 「'광기'가 사유를 감시해야 한다」였다. 데리다는 영화 〈어스〉가 보여주는 것처럼, 광기를 억압해서 지하에 가둬두면 결국 어떤 일이 벌어질 수 있는지 삶의 경험으로 알고 있었다. 우리 인간의 사유가 언제나 옳고 정의로울 수 없고 선한 결과를 내는 것도 아니다. 멀쩡한 이웃 나라를 침범해 식민지로 만든 것도 자기 인종, 자기 민족, 자기 국가가 남보다 우월하다는 사유 끝에 나온 귀결이었다.

일본이 제2차 세계 대전을 일으키며 침략을 정당화하기 위해 내세운 구호인 '팔굉일우八紘一宇'는 "전 세계가 하나의 집"(위키백과)이라는 뜻이고, 이는 세계를 천황의 지배 아래 두자는 황

국사관의 근본 사상이다. 이렇게 자신들이 우월해 세상을 더 잘 이끌 수 있다는 논리로 일본은 조선을 침공했고 프랑스는 알제리를 침공해 식민지로 만들었다.

데리다의 진술에서 이성은 동일자이고, 광기는 타자이다. 데리다는 타자에게도 사유를 감시하게 해야 한다고 말한다. 〈어스〉에 드러난 모든 갈등들을 설명해줄 수 있는 근원에는 동일자와 타자의 언어적 갈등이 자리해 있다.

지하 세계에 사는 복제본 인간들이 '말'을 할 수 없다는 설정이, 복제본들이 지상의 원본들에 대해 절대적 타자라는 사실을 깨닫게 해준다. 데리다의 지적처럼 강자인 동일자는 약자인 타자의 말을 빼앗아 "함몰시키고" 있는 것이다. 레드의 억눌린 목소리에서 알 수 있듯이 복제본들은 말하는 일 자체가 고통스럽다.

동일자가 타자의 말을 빼앗는 것은, 그들의 이성을 부정하고 정체성을 빼앗아 짐승의 수준에 머물게 하려는 시도다. 영화에서 지하 세계 인간들이 때때로 네발 달린 짐승처럼 뛰어다니는 것은 즉흥 연기가 아니다.

레드는 복제본들의 리더가 되는데, 그녀만이 유일하게 말을 할 수 있기 때문이었다. 그녀는 지상의 인간들을 향해 "우리도 똑같은 사람이야."라고 말할 수 있었다. 동일자를 향해 타자가

'나 역시 인간이라는 점에서 동일자야, 나는 너야.'라고 주장하는 일이 그녀에게는 가능했다. 그래서 그녀는 저항을 할 수 있었고 리더가 되었으며 결국 전복을 꾀하게 된다.

동일자가 타자의 언어를 받아들이고 존중하지 않는 이상 월슨과 레드, 지상의 인간들과 지하의 인간들은 "서로가 어느 한쪽을 죽이기 전엔" 갈등을 멈추지 않을 것이다.

도저히 사람 살 데가
아니더군, 이해하겠나?

예술은, 그림이든 소설이든 음악이든 현실과 유리되어 창작되지 않는다. 알쏭달쏭한 바실리 칸딘스키 Wassily Kandinsky의 추상회화들도 가만히 들여다보고 있으면, 그것이 화가의 귓전을 울리는 음악의 형상화임을 깨닫게 된다. 시간의 흐름에 따라 흘러가는 음표들을 상상 속에서 붙잡아 한정된 캔버스에 표현하다 보니, 그런 복잡하고 한눈에 파악하기 어려운 그림이 나오지 않았을까? 칸딘스키 자신도 그런 창작 과정을 관람객들에게 알리려 제목을 〈작곡 composition〉 연작으로 붙이지 않았을까?

바실리 칸딘스키는 모스크바 트레치야코프 Tretyakov 미술관에서 볼 수 있는 러시아를 대표하는 화가이다. 물론 러시아 화가 중에 칸딘스키만 있는 게 아니다. 러시아의 미술관들을 다녀 보면 '이런 훌륭한 작가들, 작품들을 어떻게 이제껏 내가 몰랐을까?' 놀라게 된다. 세계 미술의 중심이 서유럽과 미국이고, 오랜 냉전의 영향으로 러시아의 예술은 자유주의 세계에선 잊힌 변방의 예술이었다. 한국은 한국 전쟁 이후로 줄곧 자유주의 세계에 속했고, 옛 소련이 무너지기 전까지 러시아의 예술을 우리나라에서 직접 감상하는 일은 쉬운 일이 아니었다. 일리야 레핀의 전시도 내 기억에 1996년 동아 갤러리에서 처음 볼 수 있었다.

하지만 변방의 예술이라고 해서 질이 떨어지는 것은 아니다. 아직 중심에 비해 덜 알려져 있을 뿐이다. 우리의 K-팝만 봐도, 팝 음악의 중심인 영어권 나라들로 진출할 길을 확보하자 방탄소년단 같은 세계적인 스타가 나왔다.

서유럽과 미국이 중심이 되어 세계의 예술을 주도하기 시작한 것은 러시아 혁명이 일어나고 냉전이 시작된 20세기에 들어서였다. 그전까지 러시아의 예술은 변방은커녕 주류에 가까웠다. 도스토옙스키, 톨스토이, 차이콥스키, 스크랴빈, 무소르그스키, 샤갈, 칸딘스키 같은 러시아 예술가들이 없었다면 지금

〈소녀 어부〉, 일리야 레핀Ilya Repin, 1874년

우리가 아는 현대 예술은 상당히 다른 모습이 되었을 것이다.

이르쿠츠크Irkutsk의 수카초프Sukachev 미술관에 걸린 일리야 레핀의 〈소녀 어부〉는 혁명이 일어나기 전의 러시아의 상황이 어땠는지 짐작하게 한다. 혁명은 마르크스의 사상이 부추기고 일으킨 것이 아니었다. 19세기 러시아가 혁명이 일어날 수밖에 없는 상황에 놓여 있었다. 레핀의 이 그림에는 헝클어진 머리, 통념상 소녀에게 어울리지 않는 웃음기가 싹 가신 표정, 누더기나 다름없는 옷 때문에 '거지 소녀'라는 별칭이 붙어 있다.

지금의 눈으로 보면 소녀의 행색은 딱 걸인이다. 하지만 걸인은 대부분의 사회에서 평균적인 인물이 아니라 예외적인 인물이다. 우리나라 서울 거리에도 걸인은 있지만 그 걸인이 한국을 대표하지는 않는다.

레핀이 그리고자 했던 인물은 사회의 예외적 인물인 걸인이 아니라, 제목을 봐도 알 수 있듯이 어촌에서 흔히 볼 수 있는 '소녀 어부'였다. 리얼리즘 작가였던 레핀은 어촌에 사는 소녀를 어느 날 본 그대로 그렸을 것이다. 그런데 그 모습이 비참한 지경에 놓인 걸인과 다를 바 없고 거지 소녀라는 별칭까지 붙었다. 우리는 소설이나 그림 같은 예술 작품을 통해 과거의 사회상을 어림짐작해 상상해볼 수 있다. 우리는 18세기 후반 조선 시대에 살아보지 못했지만 단원 김홍도의 그림들을 통해 그 시절 풍속을 상상해볼 수 있다. 이처럼 〈소녀 어부〉도 제정 러시아의 현실이 어땠는지 우리에게 적나라하게 보여준다.

레핀의 그림들은 혁명이 일어나기 훨씬 전, 사회주의 리얼리즘 미학이 강제되기 이전에 그려졌다. 사회주의 이념 따위는 없어도 그는, 또 다른 대표작 〈볼가강의 배 끄는 인부들〉이 그런 것처럼, 현실을 있는 그대로 보고 진솔하게 표현하고자 하는 의식이 있는 화가였다.

따라서 레핀의 그림들에서 러시아의 자생적 사회주의 리얼리즘의 싹을 느끼는 일은 자연스럽다. 소설가 막심 고리키Maksim Gorky 역시 사회주의 이념의 지침이 없었어도, 혁명이 일어나기 직전의 제정 러시아 상황을 있는 그대로 표현하고 전하고자 노력했다.

:::::::::::

"다시 농촌으로 돌아가서 보니까 그건 도저히 사람 살 데가 아니더군. 이해하겠나? (…) 자넨 여기서만 살았으니 그 굶주림과 참상을 모르겠지. 굶주림이 한평생 그림자처럼 농민들의 뱃가죽에 달라붙어 있어. (…) 굶주림은 농민들의 영혼마저 먹어 치우게 만들었어. 그들의 표정에는 인간의

모습이 아예 사라졌어."²⁶

"영혼마저 먹어 치우"고 "인간의 모습이 아예 사라"진 그 러시아 농부들이 아마 〈소녀 어부〉의 이웃이었을 것이다. 계급 혁명은 냉전 시대에 잘못 선전된 것처럼, 소수의 선동가들에 의해 부추겨진 어리석은 민중이 들고 일어나는 해프닝이 아니다. 계급 혁명은 레핀과 고리키의 작품들에서 볼 수 있듯이 자신의 영혼마저 먹어 치울 만큼 착취와 수탈의 궁지에 몰린 이들이 선택한 반격이다.

따라서 굳이 마르크스의 사상이 없었더라도, 18세기 프랑스 혁명이 그랬던 것처럼 러시아 혁명은 결국 일어나고 말았을 것이다. 1917년 혁명 이후 사회주의 국가로 변모한 러시아를 방문한 그리스 소설가 니코스 카잔차키스^{Nikos Kazantzakis}는 1920년대 러시아 농부의 모습을 관찰해 기록으로 남겼다.

쇠가죽 망토로 몸을 감싼 농민들의 낮은 이마에는 침묵과 기름때와 머리카락이 내려앉아 있었다. 그들은 눈 덮인 숲에 사는 마귀들 같았다. 인간보다 비천하면서 동시에 인간보다 성스러운 느낌을 주었다. 이 농부들이 러시아의 운명을 쥐고 있었다. (…) 그들은 어둡고 그 수가 많으며 완고한 대중이다.[27]

농부들의 겉모습은 혁명 이후에도 그리 달라지지 않았지만, 적어도 그들은 전에 없던 무언가를 손에 쥐고 있었다. 농부들은 조국 러시아의 운명을 손에 쥔 대중 주체들이 되었다.

카잔차키스가 묘사한 농부들의 모습은 지금 러시아 미술관들에서 확인할 수 있다. 19세기 러시아의 화가들은 레핀이 그랬던 것처럼 대체로, 자신이 사는 마을의 이웃들을 미화하지도 그렇다고 불행을 강조하지도 않고 진솔하게 그려 남겼다.

그리고리 먀소에도프의 〈추수철〉에는 〈어부 소녀〉와 다르지 않은 행색의 농부들이 나와 가을걷이를 하고 있다. 더벅머리에, 어딘가 찌들어 보이는 얼굴은 검게 탔고, 몸은 메말랐다. 추수하는 농부가 가지리라고 통념적으로 기대하는 행복한 만족감은 느껴지지 않는다.

니콜라이 카사트킨의 〈고아가 되다〉는 어린 나이에 부모를 먼저 땅에 묻은 두 아이의 비참한 모습을 그렸다. 주변에 어른은 보이지 않으니, 땅을 파고 시체를 끌어다 묻는 일을 모두 아

〈추수철Time of harvesting〉, 그리고리 먀소예도프Grigoriy Myasoyedov, 1887년

〈고아가 되다Orphaned〉, 니콜라이 카사트킨Nikolai Kasatkin, 1891년

이들이 했을 수도 있다. 황량한 벌판에 무질서하게 무덤들이 흩어져 있는 것을 보면, 잘사는 마을의 묘지나 축복받은 교회 묘지는 아니다.

이 그림들이 혁명으로 치닫던 제정 러시아에서 흔히 볼 수 있었던 전형적인 농촌 모습이었지 않을까. 고리키나 카잔차키스가 글로 전하는 모습과도 일치한다.

러시아의 농촌 회화는 비슷한 19세기 후반에 프랑스 화가 장 프랑수아 밀레Jean-Francois Millet가 그린 〈이삭 줍는 여인들〉과 〈만종〉과는 뚜렷한 차이가 있다. 밀레가 어떤 의도로 그렸든, 그의 그림 속 프랑스 농촌에서는 러시아의 것과 같은 고된 가난과 불행, 슬픔은 느껴지지 않는다.

무엇보다 우리 자신이, 밀레의 농촌 풍속화에서 그런 것들을 읽어내도록 학습되지 않았다. 우린 그렇게 배우지 않았다. 땅을 일구는 사람들의 소박함, 곡식을 준 땅에 가지는 경건함, 하루 일을 끝낸 농부의 평온함 같은 것을 느끼도록 학습되었지, 가난에 찌든 농부의 절망을 읽어내도록 학습되지는 않았다. 밀레의 의도야 어쨌든, 우리는 그가 그린 노을에 물드는 농부들의 풍성하고 감상적인 실루엣에서 실제 농부들이 겪을 수 있는 삶의 고통은 읽어내지 못한다.

밀레의 〈이삭 줍는 여인들〉이나 〈만종〉에서는 인물의 표정이 보이지 않는다. 등을 돌리고 있거나 그늘이 져 있어서 얼굴을 정면에서 볼 수 없다. 어떤 표정을 짓고 있는지도 알 수 없고 어떤 낯빛을 하고 있는지도 알 수 없다.

밀레가 묘사한 19세기 프랑스 농부들도 농사가 고되고 끼니를 잇기 힘들긴 러시아의 농부들과 크게 다르지 않았을 것이다. 19세기에는 조선 시대 농부들의 삶도 고생스러웠다. 만약 〈이삭 줍는 여인들〉과 〈만종〉의 농부들이 똑바로 정면을 바라보고 있다면, 그래서 그들의 이마와 뺨에 움푹 팬 주름들이 낱낱이 드러나 있고 표정을 확연히 읽을 수 있다면, 아마 밀레의 농촌 풍속화에 대한 현대의 평가나 감상법이 크게 달라졌을지도 모른다.

혁명 후에 러시아는 사회주의 소비에트 연방이 된다. 그 뒤 러시아 예술계에서 일어난 일들은 우리에게도 잘 알려져 있다. 소련의 권위주의 정부는 예술가들에게 사회주의 리얼리즘 미학을 강제했고, 그로써 러시아 예술은 찬란한 생명력을 잃고 획일화되어 퇴보하기 시작했다. 혁명은 옳았을지 몰라도, 그 뒤로 이어진 정책들의 어떤 부분은 치명적인 후유증을 남겼다. 그중 하나가 러시아의 예술이 활력을 잃고 쇠퇴한 일일 것이다.

하지만 러시아는 1980년대 후반에 개혁 개방의 길을 걷기

〈만종〉, 밀레, 1857~9년

〈이삭 줍는 여인들〉, 밀레, 1857년

〈전체주의 체제의 희생자들Victims to totalitarian regime〉, 추파로프Ye.I.Chubarov, 1980년대

시작했고, 소련은 말 그대로 과거가 되었다. 트레챠코프 미술관이 있는 예술 공원의 야외 전시장에는 추파로프의 〈전체주의 체제의 희생자들〉이라는 보는 이를 숙연하게 만드는 조형물이 전시되어 있다. 러시아인들이 과거의 선택들을 현재 어떻게 평가하고 받아들이는지 알게 해주는 작품이다.

왜 사람들은
최악의 상황은 끝났다고
장담하는 거죠?

영화는 다른 예술 장르와는 다르게 수익이 얼마나 많이 나는가가 중요하다. F. 스콧 피츠제럴드Francis Scott Key Fitzgerald의 미완성 유작 소설 『라스트 타이쿤』은 주인공이 할리우드 영화 제작자인데, 그는 흥행이 실패할 게 뻔해도 작품성이 있는 영화라면 마땅히 제작해야 한다는 신념을 가졌다. 하지만 손해 보는 게 싫은 동료 제작자들은 반발한다. 주인공 먼로 스타는 작품을 만들려 하지만 동료들은 상품을 만들 생각뿐이다.

흥행 실패가 두려운 동료들의 반발이 얼마나 극심하냐 하면 다른 여러 이유가 더해져, 후반부에서 주인공이 살해된다. 소설

배경은 1930년대의 할리우드다. 피츠제럴드가 할리우드에서 시나리오 작가로 일하기도 했으니 당시 영화계 현실을 어느 정도 사실적으로 반영한 소설이라고 볼 수 있다. 먼로 스타의 예술영화에 대한 신념이 상업주의에 의해 살해된 지 90년이나 흘렀으니, 그렇다면 할리우드는 그저 돈밖에 모르는 흥행사들의 리그가 되었을까?

하지만 과거든 현재든 할리우드는 생각만큼 천박하지 않다. 영화 산업은 예술성을 저버릴 수 없다. 예술성은 흥행에서 적지 않은 비중을 차지하는 긍정적인 요소다. 이 책의 첫 장에서 썼듯이, 영화관을 찾는 관객들은 자신의 여유 시간과 용돈을 아무 영화나 보며 소비하고 싶어 하지 않는다. 예술성은 흥행에 도움이 되거나, 아니면 적어도 흥행 여부와 무관하다. 많은 경우, 어느 영화가 예술성이 있다는 입소문은 영화 제작사에 돈을 벌어다 준다.

루카 구아다니노 감독의 〈서스페리아〉를 보면 어째서 영화관에 관객이 들지 않았는지 어렵지 않게 판단할 수 있다. 이야기가 너무 복잡해서 앉은 자리에서 파악하기가 힘든 것이다. 흥행에 성공한 마블 코믹스의 영화들을 보면, 북적대는 영화관 좌석에 앉아 정신없이 팝콘을 씹으면서도 줄거리를 따라가는 데

<서스페리아Suspiria> 포스터, 루카 구아다니노Luca Guadagnino, 2019년

아무 어려움이 없을 정도로 깔끔하고 단순하게 정돈된 서사를 선보인다. <서스페리아>는 그 반대다.

<서스페리아>는 세 가지 이야기가 얽힌 입체적인 구조를 가졌다. 주인공 수지가 점점 조여 오는 위기를 설명하기 위해, 세 마녀가 "하나는 밖에 있고 하나는 여기 있고 하나는 오고 있다."라고 한 말과 정확히 대응되는 구조다. 여기서 '마녀'는 영화 속 세계와 등장인물 전체를 옥죄어 오는 위기다.

영화의 배경은 독일이 통일을 이루기 전인 1977년의 서베를린이다. 아직 나치의 만행에 대한 아픔이 생생하고, 동서 진

영의 이데올로기 갈등까지 더해져 혼란스럽기 그지없는 시기다. 위기가 오히려 자연스러운 사회다.

〈서스페리아〉는 상징성이 강해 해석의 길이 자유롭게 열려 있다. 관객마다 다 다르게 읽고 다 다른 말을 해도 영화는 모두 제 품에 품을 것이다. 포스터만 봐도 이 영화가 얼마나 자유로운 해석이 가능한지 짐작할 수 있다. 공포 영화 포스터에서 흔히 보는 핏빛 배경에, 검은 옷의 여성이 앉아 있다. 여성의 검고 긴 머리카락이 표정을 읽을 수 없게 내려뜨려 있어 보는 이를 더욱 불안하게 한다. 공포 영화 팬은 보이는 얼굴보다 보이지 않는 표정이 더 무섭고, 보이는 표정보다 표정 아래서 스며 나오는 어두운 기운이 더 무섭다는 사실을 알고 있다. 포스터의 이미지는 전형적인 공포 영화인데, 홍보 카피는 "이 영화는 공포 영화가 아니다."이다.

〈서스페리아〉는 공포 영화다. 관객의 심리를 건드려 공포를 느끼게 한다면 공포 영화다. 다만 관객을 무섭게만 하는 데 치중하는 공포 영화가 아닐 뿐이고, 장르의 법칙이 중요한 영화가 아닐 뿐이다. 오금이 저리는 공포를 느끼고 싶어 찾아온 관객들로 객석을 가득 채울 수 있는 영화라면 『라스트 타이쿤』의 흥행 사들이 좋아할 영화다. 하지만 말초적인 공포심 이상을 기대하는 관객들이 찾는 영화라면 먼로 스타가 좋아할 영화일 수 있다.

〈서스페리아〉는 세 마녀에 대응하는 세 가지 이야기가 맞물려 돌아간다. 이 세 가지 이야기를 따라 영화는 차츰 위기감이 고조되고, 정점에서 파멸을 맞았다가 회복된다.

첫 번째 이야기는 '밖에 있는' 위기를 보여준다. 등장인물은 정신과 의사인 요세프다. 그는 제2차 세계 대전 당시에 아내를 잃어버렸는데 그 아픔을 아직도 잊지 못하고 있다. 아내는 남쪽으로 도망가려다 국경수비대에 붙잡혀 나치의 수용소에 끌려가 얼어 죽었다. 요세프는 현재 서베를린에 살면서 틈만 나면 동베를린에 있는 옛 신혼집을 찾아가 아내를 떠올리며 시간을 보낸다. 요세프의 이야기는 영화의 역사적 배경을 이룬다. 과거의 일이지만 전쟁의 상흔은 현재에 여전히 막강한 영향을 끼치고 있다.

두 번째 이야기는 '오고 있는' 위기를 보여준다. 미국 오하이오의 시골에서 살다가 무용수가 될 꿈을 품고 서베를린의 무용단을 찾아오는 수지의 이야기다. 수지는 영화 전체의 주인공이면서 참혹한 수수께끼를 풀어줄 열쇠 같은 인물이다. 전반부에서 병을 앓는 그녀의 어머니는 복선처럼 그녀가 "자신이 세상에 풀어놓은 악"이라고 중얼거린다. 집엔 액자가 걸려 있는데 "어머니는 그 누구의 자리도 대신할 수 있으나 그녀의 자리는 그 누구도 대신할 수 없다."라는 글귀가 적혀 있다.

세 번째 이야기는 '여기 있는' 위기를 보여준다. 현재 시점의 서베를린 무용단의 이야기다. 이 무용단의 정체는 마녀들의 공동체다. 영화는 이 사실을 감추지도 않고 모두 드러낸다. 마녀들을 이끄는 이는 마르코스인데, 이 늙은 마녀의 생명을 연장하기 위해 젊은 여성들을 끌어들여 인신 공양을 시도하고 있다. 인신 공양의 이번 희생양이 수지이다.

〈서스페리아〉의 구조는, 관객이 이 세 이야기 중 무엇에 비중을 두느냐에 따라 영화가 달리 해석된다는 데에서 더 복잡해진다.

　1. 미술이나 영화 같은 시각 장르는 정신분석 이론으로 곧잘 분석된다. 작품에 나타난 이미지가 꿈이나 환각처럼 창작자의 내면과 밀접하게 관련되어 있다고 믿어지기 때문이다.

〈서스페리아〉도 정신분석학에 노골적으로 한 발을 걸치고 있다. 요세프는 집을 나서며 이웃과 잡담을 나누는데 이때 나오는 이름이 '라캉'이고, 그의 책상에 놓인 책은 칼 구스타프 융Carl Gustav Jung의 『전이의 심리학』이다. 〈서스페리아〉와 정신분석학은 전혀 무관하면서도, 서로 참조한 것처럼 닮아 있다.

정신분석학에서 '전이'는 상담 의사와 내담자 사이에 형성되는 긴밀한 심리적 관계를 말한다. 융은 『전이의 심리학』에서

"무의식의 내용은 먼저 언제나 객체인 사람과 구체적인 인간관계에 투사되어 나타난다."[28]라고 설명한다. 의사에게 향해진 아버지, 어머니, 혹은 형제자매 같은 가족 관계의 무의식적 투사를 전이라고 부른다. 전이가 이뤄지면 의사는 환자에게 부모나 형제로 받아들여진다.

이 전이는 〈서스페리아〉에서 인물들의 성격을 만들어내는 원리로 쓰인다. 요세프는 아내에 대한 죄책감을 무용단의 마녀들에게 전이시키고, 마녀들은 마녀들의 어머니에게 자신들의 욕망을 전이시킨다. 영화에서 틸다 스윈튼은 세 가지 역할을 오가며 성격 전이의 극치를 보여준다.

요세프를 서사의 중심에 두면 〈서스페리아〉는 그의 죄책감이 만들어낸 망상의 이야기가 된다. 그는 아내를 사랑하고 그리워하지만, 그 애틋한 감정들은 요세프 자신의 죄책감을 계속 억압해두기 위한 심리적 기제다. 사실, 사랑하는 아내가 나치에 붙잡힌 건 요세프의 잘못이고 그의 죄다. 마녀들은 그가 망각과 맞바꾼 진실을 일깨운다. "넌 체포가 시작되기 전에 아내를 탈출시킬 시간이 충분히 있었어."

요세프는 신문하는 마녀들에게 죄가 없다고 되풀이 항변하는데, 항변 자체가 진실을 외면하고 계속 억압해두려는 주문이다. 비난은 계속된다. "(넌) 여자들이 진실을 말할 땐 듣지도 않

〈서스페리아〉 중에서, 요세프와 그의 아내

았지. 망상이라고 매도해버렸어." 마녀들의 공동체인 무용단에서 벌어지는 이야기는, 아내가 자기 탓에 죽었다는 죄책감에 시달리는 요세프의 내면이 만들어낸 망상이라고 할 수 있다. 마녀무용단 자체가 그의 망상의 산물이다.

요세프는 영화 속에서 망상이란 "진실을 말하는 거짓"이라고 정의한다. 프로이트에 따르면, 편집증 환자는 종종 자신의 망상으로 세계를 다시 건설한다. 하지만 그의 망상으로 건설된 세계는 실은 회복을 위한 전 단계이다.

회복이 가능한 이유는 (요세프의 경우에) 그 망상 속에서, 그가 버렸을지도 모르는 아내가 마녀'들'이 되어 돌아와 그를 혹독하게 처벌하기 때문이다. 처벌은 완수되고, 그는 죄책감에서 벗어나 마침내 내면의 평화를 되찾는다.

마녀들은 그러므로 정신분석 상담에서 잘못을 저지른 아들을 혼내고 용서해주는 부모의 역할, 의사에게 역할이 전이된 존재라고 할 수 있다. 마녀들이란 '처벌하는 아내'다. 요세프는 마녀들에게 죽은 아내를 투사해, 자신의 죄책감이 풀릴 때까지 자신을 처벌하게 한다.

2. 〈서스페리아〉를 해석하는 데 다리안 리더의 『모나리자 훔치기』를 참조할 수도 있다. 이 책은 1911년 루브르 미술관에서 레오나르도 다빈치의 〈모나리자〉가 도난당한 사건을 정신분석 이론으로 살펴본 연구서이다.

수지를 서사의 중심에 두면, 〈서스페리아〉는 그녀의 정체를 밝히는 정신분석학적 추리물에 가까워진다. 그녀는 마르코스를 마녀로 만들어준 마녀들의 마녀 '한숨의 마녀'로 드러난다. 한숨의 마녀를 가리키는 'suspirium'은 한숨, 탄식이라는 의미의 라틴어로 영화 제목 'Suspiria'는 그 변형이다. 이 '한숨의 마녀'는 마녀들의 어머니이자, 정신분석 이론에 비추어 보면 "텅 빈 공간"[29]이다.

우리 인간은 성장하면서 "도덕적 품행과 청결의 규칙들을 배우며, 법과 금지들로 가득 찬 기호의 세계"[30]로 들어가게 된다. 그 과정 중에 우리는 무언가를 잃게 되는데, 리더를 따르면

『모나리자 훔치기』, 다리안 리더Darian Leader, 박소현 옮김, 새물결, 2010년

"텅 빈 공간"은 그 상실된 것들이 있었으리라 추정되는 공간이
다. "라캉은 그것을 물Das Ding(일종의 부재하는 원인)이라고 불렀
다."31

그래서 우리는 어른이 되면서 그 상실된 것들을 욕망하게
되는데, 〈서스페리아〉의 마녀들에게도 이러한 욕망의 문제는
생사를 건 중요한 가치를 가진다. 한숨의 마녀는 추종자들을 하
나하나 붙잡고 "원하는 게 무어냐?"고 묻는다.

하지만 이미 어른이 되어 기호의 세계에 사는 우리의 언어
로는 이 공간을 재현할 수 없다. 우리의 "사고와 언어는 어디까

지나 근사치들, 즉 자체의 경계선에 가장 가깝게 보이는"**32** 재현물만을 상상해낼 수 있을 뿐이다.

리더는 그 근사치의 재현물들이, 공포 영화에서는 "우리를 빤히 쳐다보고 있는 듯한 근접성(괴물들) 또는 더없는 고적감(텅 빈 공간에 빠지는 것)의 이미지들"**33**로 재현된다고 말한다. 〈서스페리아〉도 공포심을 불러일으키는 괴물과 텅 빈 고적감의 이미지들로 가득하다. 마녀들의 본 모습은 물론이고 마녀들에게 공양된 희생자들의 모습도 괴물처럼 끔찍하다. 요세프가 살았던 동베를린의 신혼집이나, 무용단 건물의 미로 같은 지하 공간, 그리고 무대와 인신 공양의 제단은 아직 비어 있을 때 그 고적감 때문에 보이지 않는 표정처럼 가장 무섭다.

이렇게 보면 수지의 고향 집에 걸린 액자의 수수께끼 같은 글귀가 이해된다. 글귀는 가족에서 어머니가 가지는 소중함을 말하고 있지만, 한편으로는 정신분석의 부재하는 원인, '텅 빈 공간'을 떠올리게도 한다. 글귀의 '어머니'를 텅 빈 공간으로 바꿔보면, 텅 빈 공간은 무엇으로든 재현될 수 있지만, 그저 근사치일 뿐 어떤 재현물도 텅 빈 공간 자체는 될 수 없다는 것이다. 어머니는 모든 인간의 부재하는 원인이어서, 우리가 늘 그리워하는 것일 수 있다.

3. 무용단을 서사의 중심에 두면, 〈서스페리아〉는 마녀들의 공동체라는 알레고리로 표현된 현실이 된다. 이것이 〈서스페리아〉의 이해를 위한 가장 손쉬운 접근법일 것이다.

2차 세계 대전에서 나치가 저지른 죄악들이, 이데올로기 대립으로 혼란스러운 1970년대 서베를린 한가운데서 마녀들로 되살아나 여전히 사람들을 괴롭힌다는 알레고리다. 무용단에서 탈출한 패트리샤는 요세프를 찾아와 공포에 질려 "그 건물엔 뭔가가 더 있어요. 전쟁 이후로 숨어 있던 거예요."라고 말하며, 자기를 감시하고 있기라도 한 것처럼 눈 문양이 들어간 책과 인물 사진 액자들을 치워버린다.

망상 속에서 등장인물들을 감시하는 눈은, 나치의 만행을 다시금 되풀이하려는 악한 신의 시선일 수 있다. 요세프는 "누

〈서스페리아〉 중에서, 무용단에 들어간 사라

군가에게 망상을 심을 수 있다면 그게 종교"라고 말하면서 나치가 바로 그랬다고 덧붙인다.

한편 『모나리자 훔치기』에서 리더가 말하듯 "바라보는 사람에게 죄의식이나 불안감을 조장하기 위해 위에서 큰 눈으로 아래를 내려다보고 있는 중세의 조각상들"[34]의 시선일 수도 있다. 이는 꼭 양심의 눈을 의미하지만은 않는다. 잘못하지 않아도 인간은 문득 불안해질 수 있고, 까닭 모를 불안감의 조성은 공포 장르의 핵심이기도 하다.

이 감시하는 시선은 〈서스페리아〉 전체를 관통하는 메시지를 담고 있다. 영화의 결말에서 수지는 "우린 죄책감이 필요해. 수치심도."라고 말하는데, 관객은 〈서스페리아〉가 전하려는 메시지가 결국 이것이었음을 깨닫게 된다. 즉 지켜보는 눈이 있을 때, 우리는 잘못을 되풀이하지 않게 된다는 것이다. 그녀는 안팎을 조여오는 세 마녀에 대해 이야기한 다음 "왜 사람들은 최악의 상황은 끝났다고 장담하는 거죠?"라고 묻는다. 나치즘, 인종주의, 파시즘 등은 언제라도 세상을 다시 한번 비극적인 상황으로 몰아넣을 수 있다.

이것이 우리 주변에 늘 우리를 깨어 있게 하는 눈이 있어야 하는 이유다. 존재의 불안은 그 깨어 있음, 각성의 대가다.

〈서스페리아〉는 내가 지난 몇 년 동안 본 그 어떤 영화보다도 파악하기 어려운 복잡한 이야기 구조를 가졌다. 하지만 그저 복잡하기만 했다면 굳이 이 글을 쓰지 않았을 것이다. 복잡한 구조를 가졌다고 해서 다 예술 영화가 되는 건 아니다. 예술 영화들이 대체로 이야기 구조가 복잡하긴 하지만 단순한 이야기의 예술 영화도 많다. 영화의 예술적 가치는 서사 하나로만 결정되지 않는다.

　하지만 〈서스페리아〉는 복잡한 이야기들이 어우러져 잘 짜인 구조를 이루어, 하나의 조화롭고 균형 잡힌 총체성을 구현한다. 여기서는 이야기 구조만을 다뤘지만, 독특한 영상의 색감과 독창적인 이미지들까지 어우러져 〈서스페리아〉는 흠잡을 데 없는 하나의 세계를 구현한다. 바로 예술의 세계 말이다. 이런 영화는 흥행사들이 아무리 훼방을 놓아도 계속 만들어져야 한다.

9

당신은
계속 당신인 거야?

서양의 미술관들을 다니다 보면 수백 년 전부터 그려졌던 초상화들이 눈앞이 어지러울 만큼 많다는 사실에 놀라게 된다. 지난 러시아 여행길에도 그랬다. 상트페테르부르크의 에미르타주 미술관에는 양 벽면이 초상화들로 빽빽한 긴 복도가 있었고, 모스크바의 트레챠코프 미술관에도 초상화들로 벽을 가득 채운 방이 몇 개나 되었다. 초상화는 한중일의 고전 미술에서도 찾아볼 수 있다. 어려서 국립중앙박물관에 걸린 조선 시대 초상화를 보고 가느다란 수염까지 한 올 한 올 그려 넣은 정성을 보고 신기해했던 기억이 난다. 그래도 서양 미술관에 걸린 초상화

에미르타주Hermitage 미술관

규모는 한중일 세 나라에 비하면 홍수에 가깝다.

트레챠코프 미술관의 초상화 방을 보고 있자니 내 SNS 타임라인이 떠올랐다. 말 그대로 '얼굴 사진첩'인 페이스북에서 친구들은 자신의 초상사진을 수시로 찍어 올린다. 무심코 스크롤 바를 내리다가 초상사진을 마주칠 때마다 깜짝깜짝 놀라긴 하지만 페이스북의 용도가 원래 그렇다. 영화 〈소셜 네트워크〉를 보면 페이스북은 애초에, 사람들의 초상을 올려 경쟁을 붙이는 아이디어로부터 개발됐다.

15세기에 살았던 유럽 사람들이나 21세기에 페이스북을 사용하는 우리나, 자신의 초상을 그럴싸하게 꾸미고 전시하는 일에 골몰하기는 마찬가지다. 옛 유럽인들이나 우리 조상들이 초상화가를 불러 그리게 한 초상을, 우리 현대인들은 휴대폰을 들고 셀카로 찍을 뿐이다.

인간이 자기 초상에 집착하는 이유는 다양할 테지만 얼른 떠올릴 수 있는 건, 초상이 인간의 자기 만족적 욕구를 충족시킬 수 있는 가장 직접적인 수단이라는 사실이다.

초상은 얼굴의 재현 이상의 의미를 가진다. 존 풀츠의 『사진에 나타난 몸』을 보면 "사진이 발명되기 전에는 자신의 초상화를 소유했는지의 여부가 사회적 지위를 가늠하는 중요한 요소

였다."35 사진이 발명된 19세기 이전만 하더라도 초상화 제작
은 돈이 많이 드는 사치스러운 예술의 영역이었다. 고리키의 소
설 『어머니』에도 어느 귀족의 재산 수준을 판단하는 데 초상화
를 제작할 능력이 되느냐를 기준으로 삼는 대목이 나온다. 루벤
스나 렘브란트 같은 위대한 화가들도 초상화가로 먼저 부와 명
성을 쌓았다.

　사진은 처음에는 소박하게 초상을 기록하는 데 쓰였다. 하
지만 사진의 편리성과 값싼 비용에서 정치적 이용 가능성을 발
견한 이들이 있었다. 그들은 사진을 식민지 주민들을 "상징적
으로 통제하기 위한 도구"36로 사용했다. 이를테면 제국주의자
들은 서구에 널리 퍼진 통념에 맞는 복장을 입혀놓은 인디언을
세워놓고, 그 초상이 아메리카 원주민의 전형적인 모습이라고
선전하는 사진을 찍었다. 또 오스트레일리아의 원주민의 신체
치수를 기록한 사진을 찍어 그것을 인종적 특성이라며 체계화
하는 작업을 하기도 했다. 이때 개개인의 정체성은 삭제되고 억
압된다.

　같은 일이 식민지 조선에서도 있었다. 국립중앙박물관 홈페
이지에 공개된 〈조선총독부박물관 유리건판〉은, 당시 조선인
들의 신체 조건을 노골적으로 측정하고 기록해 조선인들의 인
종적 전형성을 구성하려는 일본의 작업들을 담고 있다. 조선인

〈함남 함흥 하통리 부부 체격 측정〉, 일제 강점기, 국립중앙박물관

을 어떻게든 체계화하려는 일본의 집념이 얼마나 강했는지는 사진에 붙은 분류명만 봐도 알 수 있다. 〈함남 함흥 하통리 부부 체격 측정〉, 〈경남 합천 해인사 승려〉, 〈전남 구례 화엄사 신명 학교 학생〉, 〈고원 피혁상인 부부 체격 측정〉 등등에서 알 수 있듯이, 일본은 조선인들이 사는 지역별, 남녀 성별, 나이대별, 직업별 같은 세부 항목까지 일일이 세부화해 사진으로 찍어 남겼다.

　조선총독부의 사진들은 일본인과 조선인이 얼마나 다른가를 판단해 조선인의 타자성을 생산하는 도구로 쓰였다. 그렇게 생산된 타자성은, 일본인들을 우월한 인종으로 놓고 조선인을 열등한 인종으로 규정해 침략과 인종 차별을 합리화하고, 식민지 지배를 정당화하는 명분이 되었다.

사진이 정치적으로 효과를 볼 수 있는 까닭은, 사진이 피사체를 있는 그대로 기록한다는 일반의 믿음이 있어서다. 아직도 사진이 진실을 기록한다고, 카메라가 진실의 매체라고 믿는 사람들이 있다. 이 믿음에서 선동이나 조작 같은 사진의 정치적 이용 가능성이 생겨난다.

하지만 사진은 피사체를 있는 그대로 기록하는 것이 아니라, 사진을 찍는 사진가가 카메라를 통해 보는 그대로를 기록한다. 그러니까 〈조선총독부박물관 유리건판〉의 사진들은 당시 조선인들을 있는 그대로 기록한 것이 아니라, 제국주의자 일본인이 본(혹은 보고 싶어 하는) 조선인들을 기록한 사진인 것이다.

때문에 존 풀츠는 이렇게 경고한다. "(사진으로) 몸을 묘사하는 과정은 결코 순수하지 않다. '누가', '무엇을' 그리고 '왜' 묘사하는지 항상 질문해야 한다. (…) 사진은 객관적인 사실을 진술한다는 본연의 지위를 망각한 채 조작되고 왜곡된 세계를 마치 진실된 것으로 보이게 했다."[37] 컴퓨터 그래픽 프로그램이 대중화되고 나서는 사진은 피사체의 있는 그대로를 담는다는 그간의 통념과 더욱 멀어졌다.

사진의 정치적 이용 가능성에 주목한 작품들이 국립현대미술관 서울관에서 잇달아 전시되었다.

〈불온한 데이터〉 전(2019년)에 나온 자크 블라스의 〈얼굴 무기화 세트〉는, 테러나 범죄를 예방한다는 이유로 초상사진을 찍어 감시하고 수집해 데이터로 축적하는 국가의 관리 체계를 고발한다. 블라스는 작품에서, 국가가 사용하는 안면 인식 기술이 판독할 수 없는 형태의 가면을 제작해 국가의 통제를 교란하려 한다. 그는 "참가자들의 얼굴 데이터를 수집하여 '집단 가면'을 제작"(전시 해설)해 전시한다.

〈얼굴 무기화 세트〉의 집단 가면은 두 가지 기능을 갖는다. 하나는 17세기에 영국 국회의사당을 폭파하려 했던 가이 포크

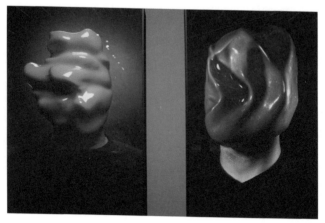

〈얼굴 무기화 세트〉, 자크 블라스Zach Blas, 2011~2014년

스Guy Fawkes의 가면처럼, 저항과 불복종이라는 집단 의지를 표명하는 상징적 기능이다. 다른 기능은 체포와 구금에 대비해 초상을 지우는 실용적 기능이다. 2019년 홍콩 사태에서, 시위에 참가한 시민들이 손수건이나 마스크로 얼굴을 가리자 중국 정부는 마스크 착용 금지법을 발효했다. 그러자 시민들은 가면이 아니면서도 정부의 감시로부터 초상을 지킬 수 있는 '안면 영사기'를 가지고 나왔다. 안면 영사기는 이마 위에 쓰는 작은 영사기로, 자신의 얼굴에 다른 이의 초상을 영사해 자신의 초상을 교란시키는 장치다.

〈광장: 미술과 사회 1990~2019〉 전(2019~2020년)에 나온 김희천의 〈썰매〉에서도 초상이 문제가 된다. 비디오 작품인 〈썰매〉에는 흥미로운 장면이 등장하는데, 광화문 사거리를 지나는 행인들의 얼굴 모두에 한 사람의 초상이 덧씌워지는 장면이다. 이 장면은 한편으로는 인터넷 커뮤니티에서 개개인의 고유한 정체성이 지워지고 뭉뚱그려져 흔히 '대중'이라고 불리게 되는 현대인의 익명성의 초상을 노골적으로 보여준다. 다른 한편으로는 누군가의 조작에 의해, 사용자 모두의 초상이 왜곡되고 악용될 수 있음을 충격적인 방식으로 보여준다.

얼굴은 인간이 저마다 다르게 갖고 태어나, 평생 성장하고 늙어가는 개별자로서의 정체성을 구성한다. 이름이 사회적으

〈썰매〉, 김희천, 단채널비디오, 2016년

로 식별 가능한 정체성을 구성하듯이, 얼굴은 타인과 식별 가능
한 존재의 고유한 개별성을 구성한다.

　그 얼굴을 재현한 초상은, 세계로부터 개별자가 자신을 스
스로 식별할 수 있게 한다. 초상은 사회로부터 격리되거나 이름
을 망각하게 된 경우에도, 자신을 잃어버리지 않는 한 자신을
인식할 수 있는 최소한의 근거가 되어준다.

　미국 드라마 〈왓치맨〉(스티브 그린Steve Green 외, 2019년)에서도
초상은 각별하게 쓰였다. 이 드라마는 테러 단체와 경찰 모두가
가면을 쓰고 나온다. 테러범과 경찰 모두가 얼굴을 가리고 앞에
나서는 것이다. 이유는 서로 다르다. 테러범은 경찰에 쫓기지
않기 위해 얼굴을 가리고, 경찰은 테러범들에게 얼굴이 알려져

암살을 당하지 않기 위해 가면을 쓴다. 얼굴을 가리면 지명 수배 전단이나 암살 명령에 사용할 초상을 만들 수 없고 표적 대상을 대중 가운데서 식별할 수 없다.

얼굴을 가리는 가면이 비중 있는 장치로 쓰이기 때문에, 〈왓치맨〉에는 이따금 초상과 가면에 대한 깊은 사유가 담긴 통찰이 등장한다.

한 인물은 어째서 자기에게 가면을 씌웠는지 묻는다. 대답은 "가면은 인간을 잔인하게 만들"기 때문. 얼굴을 가렸을 때 무엇도 함께 가려질 수 있는지 꿰뚫어보는 대목이다.

주인공 안젤라는, 특수한 능력으로 얼굴을 바꿔 다른 사람

행세를 하는 맨해튼에게 이렇게 묻는다. "당신은 계속 당신인 거야?" 얼굴이 세계로부터 자기 자신을 식별하게 해준다고 했을 때, 얼굴이 바뀌었어도 여전히 존재의 동일성이 유지될 수 있는지 묻는 대목이다. 이때 갈아 끼울 수 있는 맨해튼의 얼굴은 자신을 식별하기 위한 것이 아니라 다른 사람에게 보이기 위한 것이므로, 얼굴보다는 초상의 의미에 더 가깝다. 맨해튼은 초상을 바꿔서 자신을 비밀스럽게 감춘다.

가면을 쓴 영웅인 안젤라는 어느 한순간에 깨달음을 얻은 것처럼 "가면을 쓰고는 치유할 수 없다."라고 중얼거린다. 그녀는 인간들이 가면을 벗고 얼굴을 있는 그대로 온전히 드러내기를 바란다. 왜냐하면 "상처는 공기가 필요"하기 때문이다.

〈왓치맨〉에서 주조연들 거의 모두가 쓰고 나오는 가면은, 그들이 타인들로부터 자신을 식별하기 위해 스스로 고른 것이라는 점에서 초상의 의미를 갖는다. 다만 얼굴의 외면을 재현한 초상이 아니라 내면의 욕망, 개성, 잠재의식을 재현한 초상이라는 점이 다를 뿐이다. 왓치맨들의 가면은 내면에 대한 초상이다. 어차피 초상화나 초상사진도 실재의 얼굴을 있는 그대로 재현하지 않는다.

가면으로 얼굴을 가릴 때조차 인간에게 얼굴은 중요하다. 아니, 가면으로 가려서라도 인간은 얼굴을 지키려 한다. 옛 유럽인들이 값비싼 초상화를 그리고 현대인들이 초상사진인 셀카에 중독되는 일도 얼굴이 세계에 대해 자기 존재의 개별성을 주장할 수 있는 마지막 근거가 되어주기 때문이다.

10

선생님은 자기가
싫어진 적이 있으세요?

긴 가로막대에 반으로 꺾인 사각형의 흰 물체들이 걸쳐져 있다. 가로막대는 나무고, 걸쳐져 있는 물체는 콘크리트 판이다. 아라리오 갤러리 〈입자이론〉 전(2019년)에 나온 아날리아 사반의 설치 작품은, 관람객이 일상에서 흔히 봐왔던 두 가지 물체를 일상에서 경험할 수 없는 방식으로 결합한다.

두 물체가 나무 가로막대고 콘크리트 판이라는 사실은 작품이 설치된 이층 전시실에 발을 들여놓자마자 알 수 있다. 꼭 건축 현장이 아니더라도 나무와 콘크리트는 주변에서 흔하게 보아온 건축 재료들이다.

⟨드리워진 콘크리트Draped Concrete⟩, 아날리아 사반Analia Saban, 2016년

하지만 가까이 가 곰곰 들여다보면 나무와 콘크리트가 현실에서는 그렇게 함께 있기 힘들다는 사실을 알게 된다. 원제 'Draped Concrete'가 말해주듯이, 사반은 얇은 가로막대에 스카프나 커튼처럼 두꺼운 콘크리트 판을 걸쳐놓았다. 하지만 콘크리트는 휘는 성질인 가요성이 없어 온전한 형태로는 어딘가에 걸쳐질 수 없다. 때문에 콘크리트 판은 가운데가 뚝 부러진 채로, 부러진 자국 역시 작품의 요소로서 그대로 전시되어 있다.

영어 'drape'가 명사로는 휘장이고 동사로는 주로 옷이나 커튼 같은 천 종류와 함께 쓰인다는 점을 생각하면, 사반의 작품은 우리의 상식뿐만 아니라 관습적으로 쓰는 언어 용법에서도 저만치 벗어나 있다.

〈드리워진 콘크리트〉는 무게에 대한 일반의 통념과도 어긋난다. 콘크리트는 육중하고 얇은 가로막대는 그보다 가벼우니, 콘크리트 위에 나무가 얹혀 있어야 한다. 작품은 언뜻 허공에서 떨어진 콘크리트 판이 가로막대에 부딪혀 반으로 꺾인 것처럼 보이기도 한다. 하지만 무게의 차이 때문에 정말 그랬다면 가로막대가 먼저 부러져 파괴될 것이다. 가벼운 물체 위에 그보다 훨씬 무거운 물체가 얹힌 모습은 좀처럼 보기도 어렵고 상상하기도 힘들다. 우리는 보통 더 무겁고 더 크고 더 단단한 물체에 이것저것 올려놓는다.

그래서 작품처럼 가로막대에 콘크리트 판이 빨래처럼 널려 있는 광경은 현실에서는 거의 관찰할 수 없다. (가로막대에) 드리워진 콘크리트는 사실상 현실엔 있을 수 없는 예술적인 환각이다.

나무와 콘크리트는 흔한 건축 재료다. 건축 재료가 예술 작품이 되려면 다듬고 가공하는 예술적 과정을 거쳐야 한다. 이것이 예술에 대한 일반의 상식이다. 하지만 관람객은 〈드리워진 콘크리트〉가 보기 좋게 가공하는 과정조차 거치지 않은, 건축 현장에서 가져온 날것의 형태 그대로 이뤄졌음을 알게 된다. 거칠고 조악한 질감을 가감 없이 엮어놓았다.

이렇게 사반의 작품은 관람객의 언어 관습, 물성에 대한 통념, 예술이란 무엇인가에 대한 상식을 모두 부정한 끝에 새로운 예술적 환상을 제시한다.

중학교 2학년인 은희의 삶은 고달프다. 담임은 겨우 중학생인 아이들의 학업을 독려한답시고 "오늘은 죽음까지의 첫 번째 날"이라며 겁을 준다. 담임의 훈시는 곧바로 세속적인 성공을 위한 구호를 외치게 한다. "나는 노래방 대신 서울대 간다!"

은희의 가족은 서울 강남 대치동에 사는데, 공부를 못해 강북에 있는 고등학교에 다니는 게 집안의 수치가 된다. 큰아들인 오빠의 꿈은 오로지 서울대에 가는 것이다.

〈벌새〉(김보라 감독, 2019년)는 시작부터 우리 사회의 학벌주의를 꼬집는다. 학벌주의는 한국의 예술계에서는 좀처럼 말하기를 꺼리는 금기다. 왜냐하면 예술계에서 권위와 권력을 갖고 자원의 분배를 실질적으로 통제하는 한 축이 학벌주의이기 때문이다. 예술계의 학벌주의를 비판하면 이런저런 자원 분배 과정에서 노골적으로 따돌림을 당하리라는 짐작은 어렵지 않게 할 수 있다. 우리 사회에서는 누구나, 굳이 학벌주의의 핵심인 서울대와 연고대를 나오지 않아도 평생 학벌주의에 발목이 잡혀 살게 된다. 아니, 명문대학 출신이 아닐수록 더욱 학벌주의를 실감하며 휘둘리며 살게 된다.

그래서 은희 가족 같은, 명문대 입학에 목을 맨 가족들이 우리 사회의 전형적인 가족이 된다. 은희 같은 어린이들은 서울대에 가려고 입시 공부에 치어 살다 유년을 빼앗기고, 떡집을 하며 근근이 사는 은희의 부모 같은 어른들은 자식을 서울대에 보내는 데 일생을 남김없이 쏟아붓는다.

이런 현실에서 은희의 삶은 벌써부터 암울하다. 고작 중학생인 은희는 학벌주의에서 비롯된 전형적인 편견과 혐오의 이미지, 차별의 서사가 압축된 캐릭터다. 열등생 반으로 분류된

은희는 학교 친구들한테 커서 "파출부로나 살아갈 것"이라는
악담을 듣는다.

　반면 장차 서울대에 가 집안의 기둥이 될 모범생인 오빠의
장래는 우리 사회의 엘리트 코스를 압축해 보여준다. 오빠는 한
국의 엘리트가 흔히 그렇듯 저보다 못한 약자를 먹이로 삼는다.
은희는 습관적으로 오빠에게 폭행을 당한다.

　〈벌새〉는 진지하지만 무겁지 않게 우리 사회를 그리고 있는
소박한 리얼리즘 영화다. 하지만 두 특별한 장면으로 리얼리즘
이상의 미학적 성과를 거둔다.

　하나는 영화의 시작 장면이다. 은희는 낡은 복도식 아파트
의 902호 앞에서 엄마를 찾으며 거칠게 문을 두드리고 소리를

〈벌새〉 중에서

지른다. 문은 열리지 않는다. 이어지는 장면에서 은희는 층계를 걸어 올라가 윗집인 1002호 앞에 선다. 문이 열리고 엄마가 나와 은희를 맞는다.

둘은 은희가 병원에 들렀다 집에 가는 길에 엄마를 보는 장면이다. 엄마는 저 멀리 서서 고개를 들고 허공 어딘가에 멍한 시선을 두고 있다. 은희는 반가워 소리쳐 부르지만, 엄마는 딸의 목소리가 들리지 않는지 고개를 돌리지 않는다.

이 두 장면은 사실주의 기법과는 어울리지 않은 환각적인 장면들이다. 두 장면이 은희의 망상인지, 아니면 실제로 일어난 현실의 사건인지는 해석이 갈릴 수 있다. 해석은 열려 있다. 하지만 중요한 건 은희가 엄마에게서 응답을 듣지 못한다는 사실이다.

엄마는 애타게 문을 두드리는 은희에게 문을 열어주지 않고, 은희가 아무리 큰 소리로 외쳐 불러도 듣지 못한다. 어린 자식에게 엄마가 가지는 의미를 생각하면 이 두 장면의 비중은 사소하지 않다. 은희는 엄마가 필요할 때마다, 엄마에게 의지하려 할 때마다 엄마에게서 튕겨 나오고 부정된다. 한편 반대로 은희 자신이 1002호를 902호로 바꿀 정도로 현재의 집을, 가족을, 엄마를 제 삶에서 밀어내고 다르게 바꾸고 싶어 한다.

은희의 삶은 담임의 훈시처럼 죽음으로 짓눌려 있다. 사방

〈벌새〉 중에서

이 죽음이다. 집에 다녀갔던 외삼촌은 갑자기 죽고, 은희는 침샘에 혹이 생겨 수술을 받고, 친언니는 하마터면 성수대교 붕괴 사건 때 죽을 뻔한다.

얼마나 견디기 힘든지 은희는 멘토인 한문 선생에게 "선생님은 자기가 싫어진 적이 있으세요?"라고 묻는다. 하지만 유일하게 의지가 되던 한문 선생도 죽는다.

은희의 미래는 박미경의 그림 〈Deep Dark Fantasy〉와 같을 것이다. 〈Deep Dark Fantasy〉를 보고 있자면 어둠 속에서 어둠을 밀어내며 힘차게 맥동하는 빛의 고동 소리와, 어둠에 둘러싸여 서서히 쇠약해져 죽어가는 빛의 고동 소리가 동시에 떠

⟨Deep Dark Fantasy⟩, 박미경, 2019년

오른다. 둘 사이에서 갈피를 잡기가 쉽지 않다.

서울 갤러리조선에서 열린 박미경의 〈어둠이 빚은 풍경〉 전은, 빛이 어둠에 비해 결코 우위에 있지 않다는 사실을 일깨운다. 〈Deep Dark Fantasy〉에서 어둠에 둘러싸여 비장하게 빛나는 백색의 빛점은 상투적인 회화적 표현, 클리셰가 아니다. 빛점은 어둠과 대결하고 어둠을 뚫고 나온 것이 아니라, 전시회 타이틀 대로 "어둠이 빚어낸" 것이다. 여기서 빛은 어둠에서 흘러나온 어둠의 일부일 수도 있고, 일단 빛/어둠이라는 이분법적 대립 구조를 이루지 않는다.

박미경의 그림들은 아날리아 사반의 설치 작품처럼 현실에서 우리가 볼 수 있는 실재하는 풍경이 아니다. 낯익지만 일상에는 정확한 대응물이 없는, 있을 수 없는 환각이다. 꼼꼼히 보면 두껍게 칠해진 녹색은 울창한 숲속의 나무들이 아니고, 아랫면에 이겨진 진노랑색도 흙바닥이 아니다. 동굴의 재현도 아니다.

〈작가노트〉에서 작가는 "모호한 공간"을 그렸다면서 "현실적으로 보이는 듯하면서도 자세히 들여다보면 비현실적이기도 한, 뚜렷하지 않은 공간을 표현"했다고 말한다.

박미경의 이 "모호한 공간"은 풍경은 현실 속의 것이어야 한다는 편견, 빛과 어둠이 이분법을 이룬다는 도식을 차분히 부정하면서 〈Deep Dark Fantasy〉를 예술의 경지로 끌어올린다. 앞선 아날리아 사반의 〈드리워진 콘크리트〉도 언어와 물성과 예술에 대한 관습과 통념을 깨면서, 재료가 가진 범속성에서 예술성을 끄집어냈다. 〈벌새〉에서 현실인지 환각인지 구별되지 않는 두 장면이 했던 역할과 같다. 그 두 장면은 소박한 사실주의 영화에 미학적 균열을 내면서, 균열 이상의 예술적 성취를 끌어낸다.

은희가 한문 선생에게 던지는 물음인 "선생님은 자기가 싫어진 적이 있으세요?"는 미학적으로 보면 예술의 자기 부정과도 같다. 예술은 재료가 가진 범속한 물성을 부정해 전에 보지 못한 새로운 물성을 창조하고, 사회 일반의 통념과 관습을 부정해 전에는 생각지 못했던 새로운 가치를 창출하는 행위다.

예술은 부정하기를 통해 대상에 미학적 균열을 내고 그 균열에서 전에는 상상치 못했던 예술성을 창조한다. 삶으로 돌아가보자. 인간에게 삶과 예술은 구별되지 않는다. 자기가 싫은 은희는 삶이라는 캔버스를 펼쳐놓고 아슬아슬한 부정의 경계에 선 셈이다. 고단한 자신의 현재를 부정해, 미래의 긍정성을 이끌어낼 삶을 그려나갈 예술가로서 말이다.

11

많은 재즈 거장들이
요절하는 이유가
뭐라고 생각하십니까?

어느 학부모와 만난 자리였다. 그분은 외국에서 성공한 어느 디자이너의 예를 들며, 그 디자이너가 자신이 성공할 수 있었던 이유로 우리나라의 입시 경쟁 문화를 들었다고 했다. 아마 전작 『헤밍웨이』(아르테, 2018년)에서 내가 입시 경쟁 풍토를 비판한 대목을 읽고 온 모양이었다. 나는 그 책에서 한국 사회의 거의 모든 통과 의례는 입시 경쟁과 닮아 있고 예술에까지 등수를 매기려 든다고 썼다.

예술에서의 성공을 입시에서의 성공과 똑같이 놓고 생각하는 사람들을 종종 본다. 빌보드 차트에서 1위를 하고, 천만 관객이 드는 영화를 찍고, 외국에서 문학상을 받아야 성공한 예술가라고 생각하는 이들이 있다. 그래서 나는 얼마 전 목숨을 끊은 젊은 가수의 예를 들어, "그 친구는 가수로서 누가 봐도 성공을 했고 돈도 많이 벌었을 텐데 무엇이 아쉬워서 자살을 했을까요?" 하고 물었다.

우리의 입시 교육은 그 멋진 K-팝에도 영향을 끼쳤다. 허유미 안무 평론가는 『Reality, No Reality』에서 "자신의 재능으로 먹고 살아야 된다는 생각, 직업으로 삼을 정도가 되려면 경쟁에서 이겨 최고가 되어야 한다는 생각이 우리 무의식에 자리 잡고 있는 것은 아닌지."[38] 하고 묻는다.

K-팝 가수들의 칼군무가 입시 경쟁 문화의 반영이다. "이 강박적 문화를 반영하듯 K-팝 댄스는 '칼군무'로 유명하다. (…) 칼같이 맞춘 군무를 보여줌으로써 자신들이 얼마나 노력했는지를 인정받고 싶어한다. 여유롭게 각자 리듬을 타며 노래하는 아이돌 그룹은 없다. (…) 경쟁의 강박이 춤에 투영되다 보니 중간이 없다."[39]

어떻게 보면 K-팝의 칼군무는 입시 경쟁 문화에 찌든 우리 한국인의 입맛에 딱 맞는, 그래서 그토록 인기가 많은 댄스의 한 장르가 되었는지도 모르겠다. 그렇다면 한국의 입시 경쟁을 모르는 외국인의 눈에는 칼군무가 어떤 매력으로 비칠까.

『빌리 홀리데이』, 도널드 클라크Donald Clarke 지음, 한종현 옮김, 을유문화사, 2010년

도널드 클라크가 쓴 전기 『빌리 홀리데이』는 1619년에 일어난 노예 무역과, 그 노예들에게서 나온 "새로운 민족"40 아프리칸-아메리칸 이야기로 시작한다. 재즈는 아프리칸-아메리칸이 미국 땅에서 형성해나간 새로운 음악이었다.

빌리 홀리데이(1915~1959년)는 열광적인 사랑을 받은 흑인 재즈 가수였다. 그녀의 〈이상한 열매Strange Fruit〉는 흑인에 대한 인종 차별을 표현한 가사를 담고 있다.

남부의 나무에는 이상한 열매가 열린다

뿌리와 잎사귀에는 피가 흥건하고

남부의 따뜻한 산들바람에

검은 몸뚱이들이 매달린 채 흔들린다

(…)

여기 이상하고 쓰디쓴 열매가 있다

'이상한 열매'란 린치를 당하고 나무에 매달린 흑인이다. 콜슨 화이트헤드Colson Whitehead의 소설 『언더그라운드 레일로드』에는 흑인들이 줄줄이 매달린 길이 19세기 중반 미국 노스캐롤라이나에 실재했었다는 이야기가 나온다. 그 길에는 '자유의 길'이라는 조롱 조의 이름까지 붙었다. 죽임을 당한 흑인들이 어쩌다 한둘 있었던 게 아니라 길을 이룰 정도로 많았다는 얘기다.

홀리데이는 그 한 맺힌 이야기를 노래로 만들어 무대에서 불렀다. 하지만 그녀가 클럽 무대에 서면, '이상한 열매'라는 간단한 비유조차 이해하지 못한 백인들이 소리를 질러댔다고 한다. "빌리, 당신을 유명하게 만든 그 섹시한 노래 왜 안 부르는 거야? 거 있잖아, 벌거벗은 몸뚱이가 나무에서 흔들린다는 노래 말이야."41

〈이상한 열매〉는 큰 주목을 받았고 흑인 인권 향상에도 기여를 했다. 홀리데이는 미국에서《타임》과《라이프》같은 전국 발행 잡지에 처음으로 사진이 실린 흑인이 되었다.

홀리데이의 독창적인 창법은 일반 팬들의 사랑을 받았을 뿐만 아니라 같은 재즈 가수들에게도 큰 영향을 미쳤다. 그녀를 따라 하지 않은 가수가 드물 정도였다고 한다. 저음의 탁한 목소리로 무심하게 중얼거리는 듯이, 그러면서도 무언가에 꼭 도취된 사람처럼 부르는 그녀의 창법은 지금 들어도 매력적이다.

홀리데이는 색소폰이나 피아노 연주가가 즉흥적인 연주를 하듯이 악보에 얽매이지 않고 매번 다르게 노래를 불렀다고 한다. 이 자유로운 창법 역시 재즈 가수들뿐만 아니라 다른 장르의 가수들에게도 영향을 미쳐 지금은 대중음악의 보편적인 창법으로 자리를 잡았다.

하지만 홀리데이는 44년밖엔 살지 못했다. 그녀는 정규교육을 받지 못해 읽고 쓰는 데 늘 누군가의 도움을 받아야 했다. 짧은 생애 대부분을 술과 마약에 찌들어 살았으며, 열심히 일해 번 돈 대부분을 건달 같은 남편에게 빼앗겼다. 말년도 좋지 않았다. 그녀는 마약 소지 혐의로 경찰의 감시 아래 병원에 갇혀

치료받다가 쓸쓸히 숨졌다. 안타깝게도 죽고 나서도 남편에게 비참하게 이용당했다.

　그렇다면 홀리데이는 성공을 한 것일까, 실패를 한 것일까? 재즈의 역사에서 불멸의 명성을 얻었으니 성공을 한 걸까, 아니면 남자들에게 평생 폭행과 사기를 당하고 마약 중독자로 요절까지 했으니 실패를 한 걸까?

　우리 한국의 기준에서 보면 홀리데이는, 최하위 계층에서 친아버지도 불분명한 채 태어났으니 이미 인생의 출발부터 실패다. 이런 배경의 어린이들이 학교와 동네에서 또래와 또래 부모들에게 어떤 대접을 받는지 모르는 한국인은 없을 것이다. 명문대학 졸업은커녕 정규 교육도 받지 못했으니 가수로도 실패했을 것이다. 한국은 예술도 학벌로 한다는 이야기가 있을 정도로 극단적인 학벌 사회다. 대중 스타들의 학력 위조가 큰 화제가 되었던 적도 있었다. 오죽하면 가수와 배우들이 일거리와 인기를 얻기 위해 가짜 학력을 만들어 내밀었을까.

　하지만 전기 『빌리 홀리데이』를 읽다 보면, 홀리데이의 인생을 성공과 실패의 관점에서 따지고 있는 사람은 나뿐이라는 사실을 깨닫게 된다. 독자인 나 말곤 책 속에 등장하는 어느 누구도 그녀의 인생을 성공과 실패라는 잣대로 재단하려 하지 않는다. 그녀에 관해 증언한 인물들도, 전기를 쓴 도널드 클라크도 그녀의 삶과 예술이 과연 성공이었는지 실패였는지 묻지 않는다.

혹시 남의 인생을 두고 성공과 실패를 미주알고주알 따지는 일은, 우리 사회에 만연한 '한국병'의 하나가 아닐까. 그렇다면 아무리 아닌 척해도 나 역시 한국병을 앓고 있는 것이다. 한국병 환자로서 어느새 홀리데이의 삶을 평가질하고 있는 것이다.

F. 스콧 피츠제럴드(1896~1940년)는 소설가지만 재즈 음악 하면 꼭 떠오르는 인물이다. 그는 1922년 『재즈 시대의 이야기』란 단편집을 내 곧 이어질 '재즈 시대'를 이끌기도 했다. 그가 유행시킨 '재즈 시대'라는 말은, 재즈 음악이 크게 융성한 1920년에서 1930년 사이를 일컫는다. 재즈 시대를 그는 마치 자신을 위한 시대인 양 마음껏 누렸다. 세계적인 베스트셀러 작가가 됐고, 사랑하는 연인 젤다와 결혼해 가정을 꾸렸다. 젊고 건강했던 그에겐 돈과 창작욕이 흘러넘쳤다.

자전적 에세이 『재즈 시대의 메아리』에서 피츠제럴드는 재즈를 이렇게 정의한다. "재즈라는 단어는 (⋯) 원래는 섹스를 의미하는 단어였고 그다음에는 춤, 이어서 음악을 가리키게 되었다. 말하자면 불안하거나 흥분된 자극의 상태를 가리키는 단어로……."[42]

『재즈 시대의 메아리』, 스콧 피츠제럴드 지음, 최내현 옮김, 북스피어, 2018년

피츠제럴드는 재즈처럼 감각적인 소설들을 썼고, 젤다와 함께 유럽 여러 나라와 미국의 호텔들을 옮겨 다니며 재즈처럼 자유분방하게 살았다. 하지만 재즈 시대가 저물면서 그의 호시절도 저문다. 『위대한 개츠비』를 썼지만 당시엔 팔리지 않았다. 그는 대학 시절부터 알코올 중독이었고, 아내 젤다의 정신 건강에도 문제가 생겼다. 대공황이 미국을 덮친다. 그를 흥청망청 파티나 즐기는 댄디처럼 그린 영화도 있었지만 그가 그렇게 살았던 건 1920년대 짧은 한때였을 뿐이었다.

피츠제럴드는 죄어오는 삶의 두려움 속에서 재즈 시대를 회상하며 한탄한다. "어쨌거나 그것은 빌려온 시간이었다. 한 나라의 상위 10퍼센트 전체가 대공大公의 태평함과 코러스걸의 가벼움으로 살았으니 말이다."⁴³

여기서 '대공'이란 걱정거리 없이 사는 귀족이라는 뜻이다. 피츠제럴드는 아내의 병원비와 자식의 학비를 벌기 위해 할리우드에서 유령작가로 시나리오를 쓰다가, 빌리 홀리데이처럼 44년을 살고 세상을 떠났다.

F. 스콧 피츠제럴드가 돈을 벌기 위해 소설을 제쳐두고 영화 시나리오를 썼던 것처럼 쳇 베이커(1929~1988년)도 본 장르를 제쳐두고 싸구려 무드음악을 녹음했다.

제임스 개빈이 쓴 전기 『쳇 베이커』를 보면, 베이커는 한때 천재 소리를 들었던 트럼펫 연주자였다. 그는 스물셋에 〈마이 퍼니 발렌타인My Funny Valentine〉을 녹음해 인기를 얻고 세계 재즈 팬들에게 깊은 인상을 남겼다. 우물우물 혼잣말하는 듯한 창법이 잔잔하게 가슴을 울리는 이 노래는 아마 재즈 역사에서 가장 아름다운 곡이자 가장 유명한 곡일 것이다.

베이커는 이른 나이에 명성을 얻었고 따라서 사회 규범대로 무난하게 삶을 살았다면 마일즈 데이비스처럼 재즈계의 거장이 되었을 수도 있었다. 하지만 빌리 홀리데이처럼 마약 중독이

『쳇 베이커』, 제임스 개빈James Gavin 지음, 김현준 옮김, 을유문화사, 2007년

그를 먹어 치웠다.

베이커가 대표하는 재즈 장르가 쿨 재즈다. 쿨 재즈는 사색적이고 지적인 사운드의, 엘리트 예술에 가까운 장르다. 쿨 재즈에서의 '쿨cool'이란 당시 젊은 재즈 음악가들이 도달하고자 했던 높은 음악적 경지를 말했다. '쿨하다'라는 것은 "완벽한 음조를 구사하며 뛰어난 솜씨를 보여주는, 그리고 모든 것이 명확하고 말끔한 상태"**44**를 의미했다.

'쿨하다'는 사운드를 말함과 동시에 삶의 방식을 일컫기도 했다. 베이커의 동료였던 러스 프리먼은 "그건, 누군가 한 문단으로 할 얘기를 하나의 문장으로 마무리하는 걸 의미합니다."[45] 라고 설명한다.

젊은 베이커는 이 쿨함의 화신이었다. 그는 다른 젊은 음악가들에게 선망의 대상이 되었다. 그런 그가 어느 날부터 마약 살 돈을 벌기 위해 '무작muzak'을 녹음하기 시작한다. 무작이란 엘리베이터나 슈퍼마켓 매장 같은 곳에서 흘러나오는 부드러운 무드음악으로, 굳이 예술적 재능이 필요 없는 음악이다.

마흔네 살이 되었을 때, 베이커는 홀리데이나 피츠제럴드처럼 죽지는 않았지만 음악가로서는 죽은 사람처럼 취급당했다. 그는 돈이 떨어지면 자기 음반을 길거리에 내놓고 팔고 도둑질을 하기도 했다. 한 칼럼리스트는 그의 비참한 인생이 "미국의 비극이나 마찬가지"라고 썼다. 어느 정도였냐 하면 "너무나 지저분하고 슬퍼서, 빌리 홀리데이의 인생 이야기나 〈트럼펫 부는 사나이〉 같은 영화는 기껏 디즈니의 만화영화처럼 보일 뿐이었다."[46]

『쳇 베이커』는 베이커가 어째서 마약 중독에서 벗어날 수 없었는지 여러 각도로 살펴본다. 하지만 어느 분석도 명확하고 말끔한 답을 내주지 않는다. 그의 최후는 〈마이 퍼니 발렌타인〉처럼 재즈 역사에서 손꼽히는 비참한 죽음이었다. 그의 말년은 조금도 쿨하지 않았다.

그래서 베이커는 실패했던 걸까. 그렇다면 내가 갖고 있는, 그의 연주를 담고 있는 이 보석같은 음반들은 뭘까.

베이커나 홀리데이의 전기, 피츠제럴드의 자전 에세이를 읽어보면, 어디에도 독자의 판단으로 이러쿵저러쿵 평가할 재단선, 삶의 기준선 같은 것은 보이지 않는다. 누군가의 한평생이란, 그저 그 사람이 걸어온 짧고 긴 시간의 궤적일 뿐이다. 거기엔 성공도 실패도 없다. 술과 마약에 빠져 살았다고 마냥 비난만 할 일도 아니다. 술과 마약이 있어서 그나마 노래를 하고 트럼펫을 불고 소설을 쓸 수 있었을지도 모른다. 그들 인생에 그마저도 없었다면 베이커나 홀리데이, 피츠제럴드의 인생은 더 비참하고 더 짧았을 수도 있다.

한 방송에서 홀리데이는 이런 질문을 받았다고 한다. "많은 재즈 거장들이 요절하는 이유가 뭐라고 생각하십니까?" 홀리데이는 답한다. "내가 그 질문에 답할 수 있는 것은 우리가 하루를 백일처럼 살면서, 많은 사람들을 만족시키려 애쓴다는 사실을 알려드리는 것뿐입니다. (…) 모든 감정을 느껴보려 애쓰고, 온갖 음식을 먹고 여기저기 안 다니는 데가 없습니다. (…) 그거 아무나 할 수 있는 게 아니랍니다."[47]

예술가들의 삶이 그럴 수도 있다는 사실을, 나는 『빌리 홀리데이』를 읽으며 처음 생각해보았다. 베이커도 피츠제럴드의 삶도 그녀와 다르지 않았을 것이다.

비할 바는 전혀 아니지만 부끄러운 소설가로 살면서 나도 그렇게 소설을 써왔는지 모른다. 작가가 소설에 등장하는 모든 인물이 되어볼 필요는 없지만 적어도 그들의 삶에 어느 정도 감정 이입은 할 수 있어야 한다. 그러기 위해선 홀리데이의 말처럼 수많은 인물을 조금씩 연기해보며 "모든 감정을 느껴보려 애쓰고, 온갖 음식을 먹고 여기저기"다녀야 한다. 이 일은 하루를 백일처럼 살면서 자신을 소진하는 일일 수 있다. 이 지치고 지친 예술가들을 그저 사랑할 뿐, 입시 경쟁에 내몰 듯 판단하고 평가하지는 말자.

12

우리 삶을
충분히 표현하다 보면
나오지 않겠어요?

서로 충돌하는 이질적인 문화들이 태생이 된 작가가 있다. 제임스 진은 대만에서 출생해 세 살에 미국으로 이주해 미국에서 교육을 받았고, DC 코믹스 『페이블스Fables』의 표지를 그리는 것으로 작품 활동을 시작했다. 이후 인기를 얻으면서 코믹스 그래픽을 넘어 본격적으로 팝아트 작품을 제작하면서, 우리나라 롯데뮤지엄에서 〈제임스 진, 끝없는 여정〉 특별전(2019년)을 열 정도로 세계적인 명성을 얻었다. 작가의 이런 독특한 이력은 작품에 그대로 나타난다.

〈Passage-Blue Wood〉를 보면 동서양의 설화에서 가져온

〈Passage-Blue Wood〉, 제임스 진James Jean, 2019년

이미지들로 가득하다. 근육질의 원숭이와 가운을 걸치고 지팡이를 쥔 상상의 생물은 〈서유기〉의 삼장법사와 손오공의 변형이다. 이 둘은 중국의 전통춤인 사자춤의 이미지와 함께 캔버스의 중앙에 자리하고 있다. 미야자키 하야오의 애니메이션에서 빌려온 이미지들도 있고, 하단의 파도는 일본 근대화가 가츠시카 호쿠사이Katsushika Hokusai의 목판화를 연상시킨다. 그 사이사이 서양의 신화에서 가져온 듯한 이미지들이 끼어 있다.

낯익은 팝아트의 양식이다. 진의 이미지들은 독창적인 상상력의 산물이 아니라, 이미 대중적으로 알려진 이미지들을 적극적으로 차용한 결과다. 대중문화의 이미지들을 경계를 나누지 않고 오브제로 활용하는 팝아트 양식은, 그래서 언뜻 제작하기 쉬워 보이고 남용되는 경향이 있다.

팝아트에 늘 따라다니는 말이 창조자로서의 예술가의 죽음이다. 남의 작품을 베껴왔으니 예술가라고 할 수 없다는 의미다. 하지만 독창성은 실천적으로 "다른 것을 모방함이 없이 새로운 것을 처음으로 만들어내거나 생각해"(국립국어원 표준국어대사전)내는 일만을 의미하지는 않는다.

대중적 이미지들을 차용한 팝아트 장르에도 빼어난 작품들은 있고, 그 빼어남을 낳은 작가의 독창성은 작가마다 모두 다르다. 진의 독창성은, 온갖 이질적인 문화에서 차용한 이미지들을 변형하고 배치하고 혼합해, 그 이질성들을 동질적인 것으로 만드는 데서 나타난다.

진은 원본 이미지들을 파스텔 색조와 물결치듯 부드러운 윤곽으로 균질화하고, 캐릭터마다 율동하는 듯한 움직임을 준다. 〈Passage-Blue Wood〉를 봐도 그의 이미지들은 캔버스라는 악보 위를 물결처럼 흘러가는 음표들 같다. 보고 있으면 캐릭터들의 머릿결에서, 옷자락에서, 부드럽게 굽이치는 파도에서, 가볍게 일렁이는 춤곡이 들려오는 듯하다. 작품의 전체적인 인상은, 그림이라기보다는 잘 조율된 오케스트라 연주 같다. 그는 이질적 요소들을 녹여내 하나의 조화로운 동질성을 창조한다.

진의 이질적인 이미지들은 서로 충돌을 일으키지 않는다. 이 사실은 그 이질성들이 그에게는 태생적임을 말해준다. 그가 자신의 '여러 고향'에서 느끼는 문화적 이질성은 만만치 않다. "미국에서 성장했지만, 그곳을 진정한 고향이라고 느낀 적이 없었으며 중국어를 모르기에 아시아 역시 나에게 편안함을 안겨주는 고향이 아니다. 이 고립감은 내 예술의 기반이 되었다."

하지만 고립감에 괴로웠을지는 몰라도, 이질적인 문화들은 진의 상상력을 거쳐 동질성을 얻는다. "나의 그림들은 점차 다

양한 문화권의 설화 속에 등장하는 캐릭터와 반신반인을 닮은
모습으로 변해갔다. 일종의 문화적 변종의 탄생이었다."(작가
의 말)

진은 자신이 느끼는 이질성들을 재료로 해서 자기 안에서
하나의 변종을 창조한다. 문화적 이질성이 그의 태생이다. 그의
작품들은 예전엔 하이브리드적(혼종적)이라고 했을 융복합적
상상력의 진수를 보여준다. 그는 이질적인 요소들을 자신만의
독창적인 방식으로 녹여내 하나의 조화로운 세계, 전에 없던 초
현실적인 동질성을 창조해낸다.

한편 이질성 자체를 적극 활용하는 작가들도 있다. 〈The
Glorious Life〉 전(한미사진미술관, 2019년)에서 중국 작가 왕칭
송은 대중문화에서 차용한 이질적인 요소들을 의도적으로 충
돌시켜 새로운 미학적 효과를 낸다. 제임스 진의 작품이 잘 조
율된 오케스트라 음악 같다면, 왕칭송의 작품들은 록 밴드의 음
울하고 냉소적인 불협화음 같다.

〈Can I Cooperate You?〉에서 먼저 눈에 띄는 것은 좌우의
이질적 비대칭이다. 오른쪽엔 사람들이 빽빽하게 서 있고 왼쪽
은 비어 있다. 오른편엔 동남아시아 지역에서 지금도 쓰이는 사
이클 릭샤가 세워져 있고, 그 위에 아마도 미국인인 듯한 거만

〈Can I Cooperate You?〉, 왕칭송王勁松, 2000년

한 태도의 백인 남성이 앉아 있다.

릭샤는 원래 인력거를 의미하는 일본말 '리키샤力車'에서 온 말로, 끄는 자와 탄 자 사이의 불평등한 관계를 암시한다. 왼편에는 세 사람뿐인데, 그나마 두 사람은 터무니없이 축소되어 있다. 맨 끝의 한 사람은 오른편을 향해 중국 국기를 들고 있다. 국기를 든 중국 남성과 인력거에 앉은 백인 남성은 왼편과 오른편의 맨 끝에 놓여 극단적인 대비를 보여준다.

왕칭송의 작품들도 대중문화, 근대화 이후 미국에서 유입된 소비와 향락 문화에서 차용한 이미지들로 가득하다. 하지만 그는 제임스 진과 달리 이질성을 해소하지 않는다. 반대로 중국 국기와 맥도날드 상표의 뚝 떨어진 거리만큼이나 이질성들의 사이를 넓혀놓는다. 진의 독창성이 이질성들 사이의 조화에서 드러나는 것처럼, 왕칭송의 독창성은 이질성 사이의 불화를 활용하는 데서 드러난다.

이질성들의 불화가 깊어질수록 이미지들의 대비에서 나타나는 사회적 메시지도 극명해진다. 왕칭송은 메시지를 더 잘 전달하기 위해 불화를 심화시킨다. 그의 메시지란 제목에서 보듯이, 불화하는 이질적 존재들 사이의 협력 가능성에 대한 의문이다. 중국인은 왜소하고(국기까지 작다) 뭔가 항의하는 몸짓인데 비해, 백인 남성은 느긋하게 몸을 펴고 짐짓 무료한 표정을 짓고 있고 소비 향락의 과장된 이미지들에 둘러싸여 있다.

왕칭송의 상상력 역시 온갖 이질적 이미지들을 한 캔버스에 끌어다 놓는다는 의미에서 융복합적이다. 하지만 그는 이질성들을 더욱 불화시켜 무분별하게 미국의 대중문화를 수용하고 있는 중국의 현실을 비판적으로 재현한다. 그의 융복합적 상상력은 바로 지금 여기의 현실을 더 명확히 드러내기 위해 쓰인다.

그 작업을 위해 왕칭송은 중국에서 현재진행형인 대중문화의 이미지들을 가져와 횡적으로 늘어놓는다. 즉 그의 상상력은 공시적 질서를 갖는다. 이는 더글라스 호프스태터^{Douglas Hofstadter}가 『사고의 본질』에서 말한 "수평적 범주 확장"을 뜻하기도 한다. 인간의 사고는 "유추를 통한 개념적 확장 과정"[48]이 가능한데 〈Can I Cooperate You?〉는 중국 남성 / 백인 남성, 중국의 현실 / 미국의 대중문화에서 가져온 이미지들을 좌우로 길게 범주화해 늘어놓음으로써, 관람객들이 두 이질적 문화에서 생길 수 있는 문제들을 유추할 수 있게 한다.

혼종적, 융복합적 상상력이라는 말이 쓰이기 전부터 신학철은 이미 그러한 상상력을 구현해왔다. 그는 역사적 이미지들을 차용해 몽타주하는 기법으로 1980년대부터 〈한국 근대사〉 연작을 만들어왔다.

〈한국 현대사-625〉 연작의 하나인 〈망령들〉을 보면, 전쟁 직후 폐허가 된 거리가 맨 아래 놓여 있고 그 위로 차곡차곡 현대사의 질곡을 떠올리게 하는 이미지들이 쌓아 올려져 있다. 제임스 진이나 왕칭송의 대중문화 이미지들처럼 별다른 설명이 없어도 한국인이라면 직관적인 이해가 가능한 이미지들이다.

신학철의 몽타주된 이미지들은 위로 솟아오르는 형상을 하고 있다. 이는 "장례 의식에서 피우는 향"(심광현, 도록 해설) 연기의 형상이다. 수직으로 올라가는 연기나 불길의 형상은 신학철의 작품세계에서 일관되게 나타난다. 그는 이미지들을 종적으로 쌓아 올린다. 그의 상상력은 통시적 질서를 갖는다.

신학철이 역사적 사건들로부터 가져온 이미지들 역시 이질적이고 대립적이다. 부자와 빈자, 가해자와 피해자, 독재자와 민중, 좌우익 이데올로기 등등이다. 하지만 그 모든 것들을 아우르는 가장 큰 이질성은 시간의 이질성이다. 그의 몽타주 연작은 1940년대 일제 강점기부터 2010년대 촛불 혁명에까지 이르는 다양한 시간대에서 이미지를 가져와 하나의 캔버스 안에 수직의 형상으로 쌓아놓는다. 그 미학적 중첩 행위에서 개개의 이미지들은 혼융되어 한국 근현대사라는 장엄한, 하나의 전체적인 상으로 완성된다.

〈망령들〉, 신학철, 2018년

대구미술관의 이진명 학예실장은 도록에서 신학철의 이 같은 융복합적 상상력을, 더글러스 호프스태터의 유추 이론을 통해 설명한다. 유추는 융복합적 상상을 가능하게 한다. "우리가 소유하고 있는 정신적 카테고리는 각기 떨어져 있는 서로 다른 실체들 (…) 에 다리를 놓는 유추가 기나긴 시간 동안 연속되어 축적된 결과이다."

신학철의 〈망령들〉은 호프스태터가 말한 유추적 사고의 "수직적 범주 도약"으로 설명할 수 있다. 그는 한국의 현대사를 상징하는 이질적 이미지들을 하나의 시공간에 쌓아 올려 관람객이 "더 추상적인 개념"[49]인 한국 현대사 전체를 유추할 수 있게 한다. 이진명을 따르면 〈한국 현대사〉 연작이 대부분 수직적 형상을 한 까닭은 "지나치게 가열되어 폭발하는 에너지로서의 역사와 무관하지 않다."(전시 도록)

신학철의 그림들이 보여주는 폭발하는 듯한 에너지는 독재정부를 자극할 정도로 강력하다. 그는 〈모내기〉라는 작품을 그렸다가, 작품의 초가집이 만경대의 김일성 생가라는 혐의로 1989년 어이없이 구속되기까지 했다. 그러고도 그는 한국 근현대사를 다룬 연작을 그만두지 않았다.

신학철은 오래전부터 포토몽타주 기법으로 자신의 독창성

을, 융복합적 상상력을 실현해왔다. 포토몽타주는 자신의 융복합적 상상력을, 메시지를 캔버스 위에 구현하는 그만의 기법이다. 〈모내기〉 사건 직후인 1990년에 있은 인터뷰에서 그는 포토몽타주 기법을 이렇게 설명한다. "사진은 실물의 대용이거나 실물과 동일시할 수 있는 오브제라고 생각해요." 그러면서 그는 역사적 순간들을 담고 있는 사진들을 통해 "역사 자체를 오브제처럼 다룰 수 있지 않을까 해서"[50] 오브제 원리를 이용한다고 말한다.

융복합적 상상력은 긴 시간 축적된 유추들을 "타오르는 불의 연료"로 사용해 "예기치 않았던 강력한 정신적 도약"(이진명의 해설)을 이루게 하는 상상력이다. 신학철이 캔버스에 하나로 꿰어놓은 한국 근현대사 앞에서 숙연한 감정을 느껴보았던 이라면 공감할 만한 설명이다. 이는 왕칭송과 제임스 진의 작품에도 적용할 수 있다.

신학철은 고초를 겪은 〈모내기〉를 설명하면서 "우리 삶을 충분히 표현하다 보면 (그런 작품이) 나오지 않겠어요?"[51]라고 묻는다. 그럴 수도 있겠지만 대부분의 사람들에겐 가능하지 않은 일이다. 아무리 충분히 표현해도 그런 작품은 나오지 않는다. 호프스태터도 비슷한 말을 했다. "특출한 사람들이 지닌 위대한 재능은 (⋯) 독창적이고 중요한 유추를 통해 누구도 이전에 이해하지 못한 상황에서 정말로 중요한 것을 포착하는 데서 나"[52]온다. 이런 재능은 어느 시대에서나 매우 드물다.

13

백 년 후엔 이걸 볼 사람도
없을 텐데 왜 모아?

알폰소 쿠아론 감독은 머지않은 미래에 인류에게 닥칠 종말을 상상한 〈칠드런 오브 맨〉을 만들었다. 영화는 2027년 아르헨티나에서 한 청년이 살해되는 뉴스로 시작한다. 뉴스를 지켜보던 전 세계 사람들은 비통에 빠진다. 왜냐하면 2009년에 태어난 그 청년은 전 인류를 통틀어 나이가 가장 어린 인간이었고, 청년의 죽음은 이제 더는 아이를 낳지 못하는 인류의 종말을 상징하기 때문이다.

지금처럼 코로나19가 세계를 꼼짝달싹 못하게 묶어놓기 전에도, 다가오는 인류의 종말을 경고하는 소식들은 많았다. 기후가 붕괴해서 서울, 북경, 로마, 파리, 뉴욕 같은 대도시가 있는, 인류가 가장 많이 몰려 사는 온화한 기후대가 사막화되리라는 예측은 단골 뉴스였다. 하지만 종말이 실제로 어떻게 전개될지 피부에 와 닿을 만큼 구체적으로 예측한 뉴스는 없었다.

그리고 뉴스에서 굶어 죽은 순록들을 본 지 반년도 지나지 않아 코로나19의 팬데믹이 시작됐다. 집계가 시작되고 79일째 인 2020년 5월 9일 현재 전 세계 사망자는 27만 명을 넘어섰고(이 책의 출간 시점인 2021년 9월 현재는 450만 명을 넘어섰다), 각국의 봉쇄 정책으로 세계 경제는 1930년대 대공황 시절로 뒷걸음질치고 있다.

인류는 어쩌면 지금, 종말이라는 기나긴 과정의 첫 단계에 발을 디딘 것인지도 모른다. 〈칠드런 오브 맨〉에서는 인류의 종말이 불임으로 시작된다. 어느 날 영국의 한 병원에서 산모들이 유산을 하기 시작한다. 다른 병원들에서도 유산이 이어져 입원한 산모들이 한 명도 없게 된다. 이어서 호주 같은 다른 나라들에서도 산모들의 유산이 시작되고, 마침내 신생아가 사라진다. 인류는 아이를 생산하지 못하는 불임의 상황을 맞는다.

병원 조무사였던 미리엄은 어린이 "놀이터의 소음이 사라지면서 절망이 찾아왔"다고 회상한다. 절망의 연쇄 반응이 시

〈칠드런 오브 맨〉 포스터, 알폰소 쿠아론Alfonso Cuaron, 2016년

작된다. 테러가 빈번히 일어나고, 각국 정부는 권위주의 체제로
돌변해 시민들을 억압한다. 그럴수록 무력 저항이 세상을 뒤덮
는다.

　이런 상황에서, 확실한 것은 인류의 종말뿐 나머지 모든 것
이 불확실해지자 사이비 종교와 테러 단체가 창궐한다. 절망한
시민들은 현실이 주지 못하는 확실성을 종교나 이데올로기에
서 찾는다. 주인공인 테오도 독감 팬데믹에 아들을 잃었고 테러
단체에 사랑하는 전처 줄리안까지 잃는다.

　정부가 할 수 있는 일은 없다. 영국 정부는 절망에 빠진 시민들을 돕는답시고, 고통 없고 실패할 확률이 없는 자살용 약을 제조해 나눠준다.

이것이 종말의 시기에 인류에게 벌어질 일들이다. 그렇다면 예술은 어떻게 될까?

종말은 소멸이자 죽음이다. 12세기 프랑스의 한 시인은 이런 시 구절을 남겼다. "한 시간 안에 죽음은 모든 걸 되돌리니, 미는 무슨 소용이며, 부는 무슨 소용이런가?" 또 14세기 이탈리아의 한 시인은 「죽음의 승리」라는 시에서, 자신은 사방에서 죽음이 보인다며 "오, 눈 먼 자들이여, 무엇을 위해 그렇게 고생하는가?"[53]라고 썼다.

죽음을 앞둔 인간이라면 누구나 할 법한 생각들이다. 하지만 옛날 프랑스와 이탈리아의 음울한 시인들이 이야기하는 것은 개인의 죽음이다. 시인은 죽어도 인류는 계속 살아갈 것이다. 시인도 계속 태어나고 새로운 시도 계속 쓰일 것이다.

하지만 〈칠드런 오브 맨〉의 세계에서 죽는 건 개인이 아니라 인류다. 인류가 마지막 한 사람까지 죽어버린다면, 시는 누가 쓰고 누가 읽어줄까. 미는 무슨 소용이고 부는 무슨 소용이며 무엇을 위해 그렇게 고생하며 살까. 이 비슷한 의문이 인류의 죽음을 앞둔 〈칠드런 오브 맨〉에 나온다.

주인공 테오는 미술품 보호청장으로 일하는 형을 찾아간다. 형의 집무실 앞에는 경비견 두 마리와 함께 미켈란젤로의 〈다비드〉 상이 세워져 있다. 16세기 르네상스 시대의 이 걸작은 원래 이탈리아 피렌체에 있어야 한다. 테오가 형과 식사를 하는 공간 뒷벽에는, 대수롭지 않은 장식품처럼 피카소의 〈게르니카〉가 걸려 있다. 이 걸작 역시 원래 스페인의 국립미술관에 걸려 있어야 한다. 집무실 창밖으로는 런던 하늘을 배경으로 거대한 돼지 풍선이 떠 있다. 록 밴드 핑크 플로이드의 앨범 〈애니멀스〉의 커버아트에 나오는 돼지다.

형은 테오에게 바티칸의 〈피에타〉 상도 가져오려 했지만 이미 파괴당했다고 말한다. 그리고 보니 〈다비드〉 상도 정상이 아

〈칠드런 오브 맨〉 중에서

니었다. 왼쪽 정강이가 사라져 쇠막대기로 받쳐놓은 상태다.

파괴된 〈피에타〉나 〈다비드〉 상은 종말의 시기에 예술품이 겪을 일을 말해준다. 우리는 이미 오래전에 〈혹성탈출〉이라는 영화에서 부서진 채 모래밭에 파묻힌 〈자유의 여신상〉을 본 적이 있다.

종말의 상상력은 예술은 영원할 것이라는 세간의 인식에 참혹한 의문을 제기한다. 예술품을 보고 즐길 인간이 없는 상황에서 예술품이 남아 있을 수 있을까?

똑같은 의문을 테오는 천덕꾸러기가 된 예술품을 긁어모으는 형에게 묻는다. "지금부터 백 년 후엔 이걸 볼 사람도 없을 텐데 왜 모아?" 그러자 형은 심상한 표정으로 대꾸한다. "왜 모으냐고? 난 미래를 생각 안 해." 미래를 생각하지 않는다면 종말에 대한 걱정도 없게 된다.

인류학자 클로드 레비 스트로스Claude Levi Strauss의 『우리는 모두 식인종이다』를 보면 미와 부에는 어쩌면, 먹고사는 문제 이상의 의미가 있을지도 모른다는 생각이 든다.

레비 스트로스는 농업과 목축이 경제적 목적만을 위해 발전한 것이 아니라고 주장한다. 고대 인류에게 가축은 식량 이전에 "일종의 사치품, 즉 부의 상징이었고 권위의 상징"이었다. 가축은 쉽게 얻을 수도 없고 유지가 쉽지도 않은 사치품이었다.

식물 역시 처음엔 사치품이라서 재배되었다. 고대 인류는 벼나 밀처럼 자연 상태에서도 양이 풍부한 식물을 재배한 것이 아니었다. 인류는 평소에는 채집으로 얻기 어려운 희귀한 식물들을 재배했다.

인류가 무역을 시작한 것도 주변에서 흔히 보는 소비재들을 위해서가 아니라 "광물과 흑요석, 조개껍질로 만든 방패, 깃털 등을" 얻기 위해서였다. 야금술 같은 과학 기술 역시 장신구를 만들기 위해 개발되었다. 희소성과 아름다움에 대한 취향이 결합한 이런 관심들은 예술의 발명으로 이어진다. 인류 최초의 화학 결합도 경제적 목적에서가 아니라 특별한 색깔의 안료를 얻기 위한 "미학적인 관심"[54]에서 행해졌다.

레비 스트로스의 주장을 생각해보면, 고대 인류에게 미와 부는 딱히 구별되지 않았다. 미적인 물건은 재산으로서 가치가 있었고, 재산으로서 가치가 있는 물건은 미적이었다. 예술품의 초기적 형태인 사치품과 장신구는 부와 같은 의미였다. 다이아몬드나 황금처럼 썩지 않고 오래 보존되는 희귀 광물이 미와 부를 동시에 뜻하는, 인류의 오랜 관념도 이때 생겼을 것이다. 이제는 거의 무의미한 말처럼 들리는 '예술은 영원하다'라는 관용어구도, 보석으로 만든 장신구를 가리키기 위해 쓰이기 시작했으리라 짐작할 수 있다.

레비 스트로스에 따르면 장신구의 불멸성은, 언젠가는 죽어서 부패하고 소멸하기 마련인 인간의 연약함과 유한성을 보완해준다. 장신구는 영원히 지속되는 "이상적인 세계를 작은 형태로 축약해놓은"[55] 것이다. 늙은 왕은 매일 밤 황금 왕관을 벗어놓으며, 자신의 영혼만이라도 이 왕관같이 영원하기를 바랐을지도 모른다.

하지만 불멸성에 대한 추구가 종말의 시점에서도 여전히 유효할까. 〈칠드런 오브 맨〉에서처럼 더 이상 아이가 태어나지 않아 인류가 종말을 맞이했을 때, 그 불멸성은 누구를 위한 불멸성이고 무엇을 위한 불멸성일까. 테오의 질문처럼, 감상해줄 사람이 단 한 명도 남아 있지 않은 상황에서도 〈다비드〉 상의 가치는 여전할까. 예술의 불멸성 같은 인류가 만든 가치는 인간이 사라진 다음에도 여전히 유효할까.

예술이란 매우 긴 시간이 투자되어야 성과를 얻을 수 있는 분야다.

소설 장르를 봐도, 보통의 지망생이 소설가로 등단을 해서 첫 책을 내고 당당히 자기 세계를 구축할 때까지 십 년, 이십 년의 시간이 걸린다. 그 십 년, 이십 년 후를 바라보며, 지망생은

〈칠드런 오브 맨〉 중에서

매일 시간을 내서 습작을 하고 열심히 책을 읽는다. 그러다 소설가가 되고 나서는 같은 일에 더 많은 시간을 투자한다.

당장의 효과를 바라고 읽는 자기계발서나 경제경영 분야의 책과는 달리, 소설가가 자신의 예술 세계를 고양하기 위해 읽는 책들은 딱히 어디 써먹을 데도 없다. 언젠가 읽은 예술이나 철학 서적들이 쓸모가 있게 되는 때는 영영 오지 않을 수 있다.

〈칠드런 오브 맨〉처럼 종말이 확실한 시점이 오면 인류는 예술이나 철학처럼 긴 시간을 투자해야 겨우 성과를 기대할 수 있는 분야는 외면하게 될 것이다. 소비도 투자도 크게 감소할 것이다. 그리고 그 시점은 코로나19 팬데믹이 아무도 예상치 못한 시점에 성큼 다가온 것처럼, 의외로 빨리 올지 모른다.

〈칠드런 오브 맨〉은 감동적으로 끝난다. 인류의 종말을 멈

추게 하는 건, 미래가 계속되게 하려는 인류의 의지뿐이라는 교훈도 전해준다. 아이는 다시 태어나고, 테오는 자신의 숭고한 의무를 다한다. 하지만 현실의 나는 벌써부터 기후 붕괴와 그에 따른 기근, 그리고 대공황이 걱정된다. 지속 가능한 미래에의 의지는 영화에서나 제대로 작동하는 것인지도 모른다.

14

함께 연주하고 있는
사람은 누구지?

비틀즈와 함께 1960년대 록 음악의 흥행을 이끌었던 롤링스톤스는, 당시 바다 건너 미국에서 시작된 블루스 음악에 크게 영향을 받은 록 밴드였다. 기타리스트 키스 리차드[Keith Richards]는 어느 날 블루스 연주자 로버트 존슨의 음반을 듣고는 감탄하면서 이렇게 물었다고 한다. "함께 연주하고 있는 사람은 누구지?"

로버트 존슨은 1930년대 미국 미시시피 델타 지역에서 활동하던 흑인 기타리스트였다. 하지만 영국에까지 음악성이 알려질 즈음에는 이미 세상을 떠난 후였다. 그는 1911년에 태어

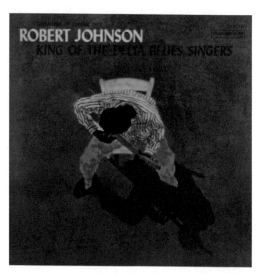

로버트 존슨Robert Johnson, 〈King of the Delta Blues Singers〉 음반 커버, 1961년

나서 스물일곱 해를 살고 1938년에 죽었다.

존슨은 블루스 음악의 기초를 만든 전설로 평가되지만 남아 있는 자료는 거의 없다. 앨범은 한 장뿐이고, 모습이 찍힌 사진도 두 장뿐이다. 알려진 바로는 그는 두 번밖엔 레코딩을 하지 못했다. 나도 그를 다큐멘터리 〈더 블루스〉(마틴 스콜세지Martin Scorsese 외, 2003년)를 통해 처음 알았다.

어느 한 분야의 전설이라기엔 남아 있는 유산이 초라하다. 존슨은 음악인이니, 그의 진짜 유산은 사진이나 마스터 테이프 따위가 아니라 '블루스 음악' 자체인지도 모른다. 하지만 그가 기반을 다진 블루스를 가지고 부와 명성을 거머쥔 이들은 대개 후대의 롤링 스톤스 같은 백인 록 스타들이었다.

마틴 스콜세지 감독은 〈택시 드라이버〉나 〈아이리시맨〉 같은 사회성 짙은 범죄 드라마를 찍어 영화팬들의 사랑을 받고 있지만, 흥행작들 틈틈이 팬의 입장에서 음악 영화들을 만들었다. 1970년 〈우드스탁 페스티벌〉의 총편집을 맡은 것이 시작이었다. 〈더 블루스〉는 그가 총제작을 맡은 블루스 음악의 역사를 담은 일곱 편짜리 다큐멘터리다. 빔 벤더스, 마이크 피기스, 클린트 이스트우드 같은 음악에 조예가 깊은 감독들이 한 편씩 맡아 찍었다. 스콜세지 자신도 〈더 블루스-고향으로 가고 싶다〉 편을 감독했다.

〈더 블루스-고향으로 가고 싶다〉는 인상적인 장면으로 시작한다. 목화농장과 기차 철로 건설 현장에서 일하는 흑인들이 찍힌 기록 필름과 함께, 그들이 노래하고 연주하고 춤을 추는 모습을 보여준다. 로버트 존슨의 이야기도 나온다.

20세기 전반 미국 미시피 델타 지역에서 블루스 음악을 만들었던 흑인 음악인들이 대개 목화농장의 노동자로 농장 노예처럼 살아가던 사람들이라는 사실을 생각하면, 어째서 로버트 존슨이 살아서 레코딩할 기회를 두 번밖엔 얻을 수 없었는지 짐작할 수 있다. 흑인들은 일상적으로 굶주렸고, 때론 농장주에게 쫓겨나 고속도로변에 천막을 치고 살기도 했다. 음악인들도 마찬가지여서, 젊어서 인기를 얻었던 이들도 백인이 주도하는 사회에서 안정적인 기반을 쌓지 못하고 결국 접시 닦기 같은 허드렛일을 하다 삶을 마치곤 했다.

영국과 미국의 대중문화에서 막대한 시장을 형성했던, 그래서 백인 음반 사업가들에게 엄청난 부를 안겨주었던 록 음악은 미국의 흑인 블루스 음악에서 나왔다. 블루스 피아니스트인 아이크 터너는 백인의 록 음악이 어떻게 탄생했는지 회상한다. 음반이 인기를 얻어 잘 팔리려면 라디오 방송에 나와야 하는데, 인종 차별로 흑인 블루스 음악인은 방송에 출연할 수 없었다.

"그때 우리가 음반을 부르길 '인종 음반race records'이라 했지. 백인 방송에 나오는 그런 음악은 안 했어. 그러다 샘 필립스라는 음반 제작자가 백인에게 흑인 음악을 부르게 했고⋯⋯."

그것이 엘비스 프레슬리 같은 백인 스타를 낳은 록 음악의 시작이었다. 방송에 나올 수 없는 흑인 대신 백인을 내보내 블루스를 부르게 했던 것이다. 백인인 음반 제작자 필립스도 같은 백인들에게 차별을 당했다. 흑인이 백인과 다르다고 생각하는 사람들은 그가 흑인들과 일하는 것을 이해하지 못했다.

서양의 음악계에서 인종 차별은 작은 문제가 아니었고, 지금도 기세등등하게 문화적 장벽으로 작동한다. 흑인의 블루스 음악을 하는 백인 뮤지션은 쉽게 찾아볼 수 있지만, 백인의 록 음악을 하는 흑인은 거의 찾아볼 수 없는 까닭도 여기 있지 않을까.

〈더 블루스〉는 흑인 블루스 음악인들의 삶과 음악에 대한 다양한 증언들을 담고 있다. 윌리 킹은 목화농장을 나와서는 "자살의 벼랑" 끝에 선 기분이었다고 말한다. 그때 음악이 그를 구원했다. "(성부와 성령이) 걱정을 없애기 위해 내려주신 게 음악이었어. 음악이 우리가 원하는 것을 채워줬고 노력하는 것에 희망을 주기 위해서." 흑인들이 삶의 벼랑에서 흥얼거리던 가락이 블루스가 되었다. 그래서 블루스에서는 "미시시피 델타의 진흙과 피가 느껴"(코리 해리스^{Corey Harris})진다.

〈더 블루스〉에 실린 이야기들은 옛날이야기가 아니다. 백년도 지나지 않은 20세기 전반부의 일들이다. 블루스의 노랫말에는 여성을 비하하는 내용들이 많은데, 그 노랫말들은 실은 백인 주인을 욕하기 위한 것들이었다. 대놓고 불만을 토로하면 나무에 매달릴 수도 있었기에 흑인들은 백인들을 "아…… 그녀는 너무 못됐어." 하는 식으로 여성에 빗대 증오심을 드러냈다. 생사여탈권을 지닌 백인 남성을 흑인 여성에 비유하는 것은, 권력에 대한 상징적 거세 행위이기도 하다.

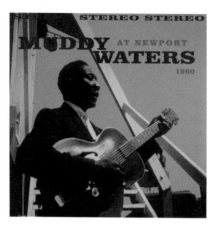

무디 워터스Muddy Waters, 〈Muddy Waters At Newport〉 음반 커버, 1960년

〈더 블루스〉에 소개된 블루스의 노랫말들은 심각하고 노여움에 가득 차 있다. 때론 애절하고 때론 신나고 힘이 넘치는 곡조와는 거리가 멀게 느껴진다. 무디 워터스의 이 노랫말은 섬뜩할 정도다.

⋮

소년아, 저녁이 깊어지면 난 집을 날려버릴 생각을 해
내가 오늘 아침에 일어났을 때
내 작은 아이가 사라진 걸 알았어
저녁 느지막이, 집을 날려버릴 생각이 들었지

스킵 제임스Skip James, 〈Skip James Today〉 음반 커버, 1965년

　　스킵 제임스의 노래에서는 삶의 희망이나 낭만을 전혀 찾아
볼 수 없다.

　　　　삶은 힘들어, 어딜 가든지 (…)

　　　　어딜 가든 천국은 찾을 수 없어 (…)

　　　　힘든 삶이 당신을 죽이고 말 거야

　　　　자, 쓸쓸한 나의 노래를 들어보게나 (…)

　　　　이 끔찍한 곳에서 벗어난다면

　　　　다시는 추락하지 않을 거야

비비 킹B.B. King, 〈B.B. King Completely Well〉 음반 커버, 1969년

제임스의 노래는 이제 더는 노래를 부르지 않겠다는 다짐으로 끝난다. 우리가 흔히 대중가요 하면 떠올리는 달착지근한 사랑의 발라드나 낙관적인 희망은 찾아볼 수가 없다.

블루스 음악계의 거장인 비비 킹도 젊어서 비슷한 과정을 겪었다. 그는 일곱 살 때부터 목화농장 노동자로 일했고, 나이를 먹어선 트럭 운전사가 됐다. 농장 일이 얼마나 혹독하고 고되었는지 그는 잊지 못한다.

어린 비비 킹은 목화를 줍고 따며 시간당 5마일씩 걸어야 했다. 하루에 12시간씩 일했으니 매일 60마일, 거의 100킬로미터를 걸은 셈이었다. 그는 그 일을 일주일에 6일씩, 16년을 했다. "거의 전 세계를 돈 거죠. 노새를 쫓아다니면서요."

흑인을 받아주는 호텔이 흔치 않았으니, 흑인들은 지방 순회공연을 가면 아무 호텔에나 묵을 수가 없었다. 당연히 음악 활동도 제한된다. 이러한 인종 차별은 곧잘 폭력으로 나타났다.

로스코 고든Rosco Gordon은 경찰에게 폭행당한 경험을 이야기한다. 어느 날 드러머가 목이 마르다며 분수대로 갔다. 고든은 무슨 일이 있어도 물은 식수대에 가서 마시라며 말렸다. 하지만 드러머는 분수대로 갔고 "경찰이 와서 그의 입에 발을 쑤셔 넣"었다.

고든 자신도 비슷한 일을 겪었다. "저도 멤피스의 경찰한테 한 번 차여 봤어요. 총을 가진 자식이 절 차고서는 보도에 내동댕이쳤죠. 전 눈에서 눈물을 글썽이며 '창피하지도 않아요? 나보다 두 배는 더 크면서.'라고 했죠. '총도 있고 몽둥이도 있고 죽일 수도 있는데, 왜 차요?' 그가 그러더군요. '집에 가.' 제가 말했죠. '당신이 가로막았잖아요. 귀가 중이었다고요.'"

멤피스는 블루스 음악이 발원한 음악 도시이자 마틴 루터 킹 목사가 비폭력 저항 운동을 이끌다 암살당한 도시이기도 하고, 엘비스 프레슬리가 숨을 거둔 저택이 있는 곳이기도 하다.

2020년 5월 25일 미니애폴리스에서 경찰에게 살해된 흑인 조지 플로이드George Floyd 사건을 보면 지나온 시절이 무색하게 느껴진다. 반세기가 훌쩍 지나 흑인 대통령까지 나왔어도 인종 차별은 시들 줄 모르고 폭력도 그칠 줄 모른다. 미국에서 흑인은 어떤 의미일까?

영국의 백인 음악인 조지 페임Georgie Fame은 이렇게 단정한다. "미국 흑인의 문화는 (…) 미국에서 파생한 최고의 예술입니다. 현대 미국이요." 흑인 음악이 없었다면 록 음악도 없었거나 훨씬 늦게 나왔을 것이고, 미국 백인들이 그토록 사랑하는 록의 제왕 엘비스 프레슬리도 평범한 트럭 운전사로 생을 마쳤을 것이다.

페임의 말처럼 흑인들이 낳은 재즈나 블루스 같은 음악들은 미국의 백인 문화에도 큰 영향을 끼쳤다. 블루스의 후손인 리듬 앤 블루스나 힙합은 세계적인 인기를 끌고 있고 미국 백인들도 즐겨듣는다. 당연히 경제적 효과도 굉장해서, 미국인들은 피부색을 막론하고 흑인 음악으로 큰돈을 벌어들였다.

힙합 그룹 퍼블릭 에너미의 척 디Chuck D는 흑인 음악의 역사를 안다면 흑인이 어떻게 살아왔는지 이해할 수 있을 거라고 말한다. "왜냐면 미국 흑인은 자신들의 이야기를 할 출구가 없었거든요. 그러나 블루스로 우리의 내면을 표현할 수 있었죠. 젖과 꿀이 흐르는 이 땅에서 우리는 배를 곯았어요."

키스 리차드는 로버트 존슨의 음반을 듣고 누가 함께 연주를 하고 있는지 물었다. 하지만 존슨은 혼자 연주했다. 그는 혼자서 여럿이 연주한 것 같은 효과를 낼 수 있을 만큼 천재적인 연주 실력을 지니고 있었다. 그런 그도 살아서 빛을 보지 못하고 요절했다.

　미국은 백인이 혼자 만들어온 나라가 아니다. '흑인의 목숨도 중요하다Black Lives Matter' 운동이 말하는 것처럼 흑인의 목숨이 소중한 것은 두말할 나위도 없고, 실은 현대 미국 자체가 흑인들의 문화로부터 형성되어왔다.

15

활동 증명을 통해 예술인으로
인정, 등록되었는가?

코로나19 팬데믹으로 미술 전시회도 크게 위축됐다. 작은 화랑들은 보통 일주일 단위로 전시가 바뀌는지라, 인사동이나 청담동의 화랑가는 언제 가도 새 전시를 볼 수 있었다. 나는 어딘가에선 늘 볼만한 전시가 열리고 있다는 사실을 의심해본 적이 없었다.

　하지만 팬데믹은 미술계도 덮쳤고 반년 전만 해도 공기나 물처럼 당연했던 일들이 부정되고 있다. 국공립 미술관들은 반년째 문을 닫고 있고 많은 화랑이 새 전시를 기획하기보다는 창고에서 소장품을 꺼내와 소장품 전을 열고 있다. 어떤 화랑들은 미리 온라인으로 예약을 해야 하고, 마스크를 끼지 않으면 입장을 할 수 없다. 그게 귀찮은 관람객들은 발길을 줄일 것이고 실제로도 꽤 준 것 같다.

화랑 입장에서도, 창작자 입장에서도 팬데믹이 무척 곤혹스러울 것이다. 나도 그렇다. 전시가 줄어들다 보니 글감을 찾지 못해 마감이 다가오면 초조해진다.

예술가는 별스러운 존재가 아니다. 현대 사회에서 소설가나 화가나 연주자는 공식 문서에 기재되는 직업의 하나고, 그것도 주변에서 흔히 볼 수 있는 직업이 됐다. 당연히 예술가의 삶도 보통 생활인의 삶과 다르지 않다.

그렇지만 창작 같은 예술 활동은, 생계를 위해 밥벌이를 해야 하는 생활인으로서의 자아와 갈등을 일으키곤 한다. 〈아티스트로 살아가기〉(세화미술관, 2020년) 전에 참여한 12명(하나는 팀이다)의 '작가의 말'을 읽어보면, 이 갈등은 거의 모두에게 공통이다.

김보현은 "현재 작업 활동과 생계를 위한 일을 동시에 하고 있어 창작 활동에 매진할 수 없"으니 "무엇보다 창작 공간(작업실)의 지원"이 이뤄지기를 소망한다. 박지혜는 삶이란 "다양하게 겹쳐지는 레이어의 조합"이고 자신의 경우 그 조합의 "맨 밑에 깔린 정체성은 '작업하는 사람'으로 고정되어" 있다고 말한다. 황휘는 "어렸을 때는 먹고사는 일 때문에 작업을 못하게 되는 상황을 걱정했는데, 요즘은 작업 때문에 먹고사는 일을 못할까 봐 걱정"을 하고 있다.

예술가를 메인 직업으로 삼으려면 의식적으로 노력을 해야 하고 때론 용기를 내야 한다. 전시회의 제목이 〈아티스트로 살아가기〉인 것도, '아티스트'가 어떤 특별한 의지를 갖고 선택을 해야만 하는 신분임을 말해준다.

'아티스트'가 '신분'일 수 있는 이유는 '직업'이 내포하는 어떤 요소들이 '아티스트'에는 누락되어 있기 때문이다. 이를테면 직업의 사전적 정의는 "생계를 유지하기 위하여 자신의 적성과 능력에 따라 일정한 기간 동안 계속하여 종사하는 일"(국립국어원 표준국어대사전)이다. 그런데 현실적으로 작품으로 생계를 유지할 수 있는 창작자는 소수고, 게다가 작품 제작비가 많이 드는 영화나 미술 같은 장르는 생계에 어려움만 더하기 십상이다. 그래서 자신의 예술 활동을 직업이 아니라고 생각하는 이들도 가끔 본다.

생계와 무관하다 보니, 예술 활동은 해도 그만 안 해도 그만인 일로 여겨지기도 한다. 예술가로 사는 일은 숙명이 아니다.

그런 점에서 김예슬의 진술은 솔직하고 인상적이다.

김예슬은 생계를 위해 5년간 나이트클럽에서 디자이너로 일했고, 이번 전시에 그때의 경험을 담은 작품들을 출품했다. 〈CNSTLLTN〉는 디자이너가 쓰는 두툼한 샘플지 묶음이다. 그녀는 이 샘플지 한 장 한 장의 뒷면에 나이트클럽에서 보고 들었던 일들을 짤막한 문구로 인쇄해 넣었다. 작품은 창작과 밥벌이가 결코 따로 놓일 수 없음을 보여준다. 김예슬은 예술 활동을 하지 않아도 살아갈 수 있기에, 어째서 굳이 창작을 계속해야만 하는지 끊임없이 자신에게 일깨워줘야 한다고 말한다.

"가끔은 제가 미술을 하지 않아도 된다는 사실을 잊어버립니다. 사실 미술은 안 해도 되는 일입니다." 그래서 김예슬은 예술 활동을 지속해나가기 위해, 창작을 먹고 자는 일 같은 일상생활로 만들었다. "직업이라기보다는 하나의 생활 방식이라는 생각이 들기도 해서 미술을 하지 않는다는 것이 어떤 것인지 생각나지 않기도 합니다."

하지만 '아티스트'는 엄연히 직업이다. 나는 소설 창작을 가르치는 강의의 마지막 시간에, 소설가 지망생들에게 꼭 이 말을 하곤 했다. "여러분은 소설을 쓸 때는 예술가여야 하지만, 완성된 원고를 가지고 출판사와 출간을 논의할 때는 노동자가 되어야 합니다." 애써 쓴 작품의 출간을 준비하면서 출판사를 고르

〈CNSTLLTN〉, 김예슬, 2020년
©2020 Sehwamuseum of Art, Photo by Jung Hyosup

고 계약서를 쓰고 책의 세부를 논의할 때마다, 작가는 자신의 원고가 노동의 산물이고 그 노동의 대가를 소홀히 하지 않아야 한다는 사실을 기억해야 한다. 얼마 전에도 한 작가가 저작권 양도 계약을 했다가 인세 대부분을 받지 못해 소송을 벌여야 했다.

누군가에게 아티스트는 직업, 그것도 황금알을 낳는 직업이다. 현대의 어떤 미술가들은 노동자를 넘어 작품의 값을 흥정하는 사업가가 되기도 한다. 그들은 예술가-노동자일뿐 아니라 예술가-노동자-사업가이다.

영국의 미술가 데미안 허스트Damien Hirst는 2007년, 다이아
몬드로 장식된 백금 해골 조각을 "1천 200만 파운드"의 제작비
를 들여 만들었다. 그러고는 "5천만 파운드라는 초고가임에도
이미 구매자가 내정됐다."고 입소문을 퍼뜨려 자신과 작품의
명성을 높였다.

하지만 곧 이 해골 작품을 사들인 "투자 그룹의 주요 투자자
가운데 하나가 바로 허스트임이 알려지자, 국제 미술계 전체가
그를 비웃기 시작했다."[56] 그는 자기 작품의 호가를 자기가 불
러 스스로 가격 거품을 만들어낸 것이다.

『앤디 워홀의 철학』을 보면, 앤디 워홀은 자신이 예술가면
서 동시에 노동자이고 사업가이기도 하다는 사실을 일찍부터
깨닫고 적극적으로 대응했다. 그는 사람들이 무엇을 사려고 돈
을 내는지 잘 알고 있었다. 적어도 그의 그림은 아니었다.

"최근 몇몇 회사에서 내 '아우라' 구입에 관심을 보였다. 그
들은 내 상품을 원하지 않았다. 그들은 '우리는 당신의 아우라
를 원합니다.'라는 말을 계속했다."

투자자들은 워홀의 작품이 아니라 작품에서 느껴지는 워홀
의 아우라를 원했다. 워홀이 생각하는 아우라란 "누군가 나 아
닌 다른 사람만이 볼 수 있고, 또 그들이 원하는 만큼만 볼 수

『앤디 워홀의 철학』, 앤디 워홀Andy Warhol 지음, 김정신 옮김, 미메시스, 2015년

있는 것"⁵⁷이다.

아우라는 특정한 사람이나 물건을 둘러싸고 있는 신비스러운 어떤 분위기다. 사전적 정의는 "예술 작품에서, 흉내 낼 수 없는 고고한 분위기"이고, "어떤 대상이 가진, 다른 것과 구별되는 독특한 분위기"(고려대한국어대사전)이다.

예술가로서 쌓아온 명성, 독특한 작품 경향이나 미학, 시장에서 팔리는 가격 수준, 매력적인 일화들, 떠도는 루머 같은 다양한 요인들이 작품의 아우라를 형성한다.

앤디 워홀은 투자자들이 자신의 작품이 아니라, 세계적인

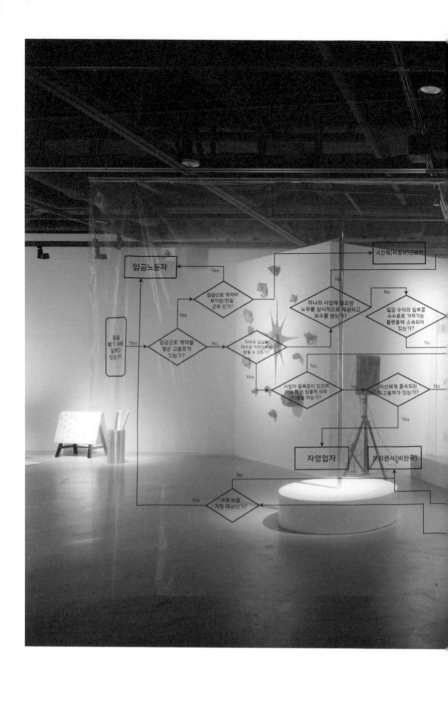

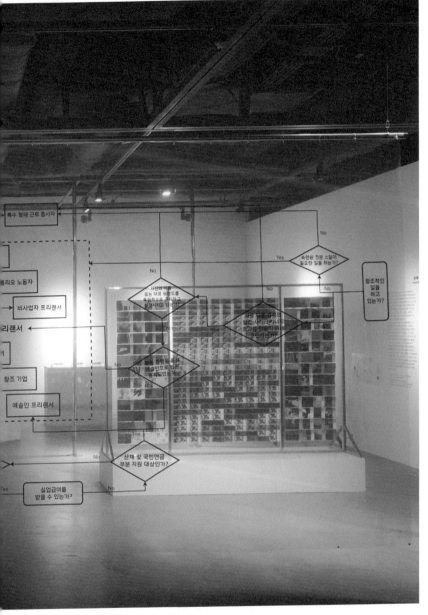

〈워크플로우〉, 임가영, 2020년

팝아티스트라는 자신의 아우라, 혁신적이고 첨단적인 감각을 지닌 예술가라는 아우라를 사들이고 있음을 잘 알고 있었다. 그래서 그는 자기 아우라를 대량으로 팔 방법을 궁리하다 실크스크린 작품을 선택했는지도 모른다. 그는 똑같은 작품을 색상만 조금씩 달리해 실크스크린으로 수십 장씩 찍어서 서명을 넣어 판매했다.

일한 만큼 돈을 받길 바라는 것은 천박한 일이 아니다. 공정한 계약서, 정당한 작품료를 요구하는 일은 당당한 일이고 마땅히 해야 할 일이다. 〈아티스트로 살아가기〉 전에 나온 우리나라의 젊은 예술가들도 자신의 예술가-노동자로서의 정체성을 잘 인지하고 있다. 임가영은 예술가 안에도 임금과 작업 방식, 고용 수준에 따라 다양한 노동자가 있을 수 있음을 〈워크플로우〉를 통해 보여준다.

〈워크플로우〉에는 예술가-노동자가 겪을 수 있는 거의 모든 고민이 플로우 차트로 정리되어 있다. 차트의 왼편 끝에는 "돈을 벌기 위해 일하고 있는가?"라는 질문이 있고, 오른편 끝에는 "창조적인 일을 하고 있는가?"라는 질문이 있다. 이 두 질문으로부터 예와 아니오를 선택해 따라가다 보면 자신이 어떤 예술가-노동자인지 판단할 수 있다.

"임금 근로 계약을 맺은 고용주가 있는가?"라는 질문을 따라가면 "임금 노동자"에 가닿고, "무기한 / 전일 근로인가?"라는 질문 끝에는 "시간제(비정규) 근로자"가 있다. 플로우 차트에는 "예술인 프리랜서"도 있는데, 여기에 가닿기 위해선 "활동 증명을 통해 예술인으로 인정, 등록되었는가?"라는 질문을 통과해야 한다. 나도 증명을 했고 예술인으로 등록됐다.

예술가는 다른 직업을 갖지 않더라도 작품을 창작, 생산하는 과정을 통해 이미 노동자로서의 정체성을 가진다. 예술가는 고매할 수 있다. 당연히 고고한 아우라도 지닐 수 있다. 하지만 작품을 빚어내는 그의 두 손과 배고픈 배와 심장과 머리를 달구는 고된 열기는 노동자의 그것이다.

16

한국인들이 이 전쟁을
원했단 말인가?

전쟁은 많은 것을 삽시간에 바꿔놓는다. 포탄이 떨어진 논밭을 못쓸 땅으로 만들어놓고, 전투에 참여한 많은 병사들의 꿈을 바꿔놓고, 사상자의 가족 특히 어머니의 삶을 바꿔놓고, 전장의 풍경을, 전쟁에 휘말린 국가 전체를 바꿔놓는다.

우리도 1950년에 한국 전쟁을 겪었고, 한반도의 운명이 바뀌었다. 국립현대미술관 서울관에서 열린 〈낯선 전쟁〉 전(2020년)에 걸린, 당시에 그려진 한 스케치는 지금의 내게도 충격적이었다. 광화문을 지나다니며 늘 봤던 동아일보 빌딩 입구가 시체 더미로 가득 메워져 있었다. 고풍스럽고 우아한 이미지로 눈

길을 끄는 동아일보 빌딩이, 한때 저런 끔찍한 모습이기도 했다는 사실에 눈이 번쩍 뜨였다.

전쟁은 자신과 엮인 모든 것을 바꿔놓지만, 시대에 따라 전쟁 자신의 성격도 바뀐다. 1950년대의 한국 전쟁은 자유주의와 사회주의의 이데올로기 대립이라는 명분이라도 있었지만, 그 이후의 미국-베트남 전쟁과 소련-아프가니스탄 전쟁은 강대국이 약소국에 영향력을 확대하기 위해 벌인 추악한 침략 전쟁 이상은 아니었다.

1960년대에서 1980년대까지 긴 세월 계속되었던 두 전쟁은 미국과 소련 내부에서도 환영을 받지 못했다. 수잔 브라운밀러Susan Brownmiller는 『우리의 의지에 반하여』(박소영 옮김, 오월의 봄, 2018년)에서, 베트남 전쟁 참전용사들은 스스로 영웅이라 불리길 거부하고, 아직 전쟁이 한창이던 때 '윈터솔저 조사: 미국의 전쟁 범죄 진실 규명' 대회를 열었다고 전한다. 그들은 고발 대회에 나가 베트남에서 자신들이 저지른 민간인 학살과 강간 범죄에 대해 증언했고, 스스로 훈장을 반납하기도 했다.

스베틀라나 알렉시예비치는 『아연 소년들』에서 아프간 참전용사들을 모욕했다며 고소를 당했다. 소련-아프간 전쟁은, 아프가니스탄에 친소련 정부가 들어서자 이에 반발하는 이슬람 세력이 내전을 일으켜 1979년 소련군이 개입한 전쟁이었

『아연 소년들』, 스베틀라나 알렉시예비치Svetlana Alexandrovna 지음,
박은정 옮김, 문학동네, 2017년

다. 이 전쟁에서 소련군은 10여 년 동안 100만 명 이상의 아프
가니스탄 사람들을 죽였다.

　법정에 나온 러시아인 증인들은 전쟁 범죄 진실 규명 대회
에 참가한 베트남 참전 군인들과 비슷한 증언을 했다. 그들은
아프간 전쟁을 "의미 없는 전쟁", "치욕적인 사실"이라고 부르
고, 전쟁을 일으킨 자신들이 "지은 죄대로 심판을 받아야"[58] 한
다고 주장했다. 소련군은 2차 세계 대전에서 나치군을 몰아낸
영웅이었다. 그들은 1940년대에는 추축국에 점령당한 유럽을

위해 나선 해방군이었지만, 1980년대의 아프간 전쟁에서는 추악한 전쟁 범죄나 저지르는 침략군에 지나지 않았다.

　　시대가 변하면서 전쟁의 성격도 바뀌고, 지난 전쟁에 대한 해석도 바뀐다. 〈낯선 전쟁〉 전은 한국 전쟁을 바라보는 다양한 시각을 소개한다. 일방적으로 "적(북한군)의 잔혹함"에 대해서만 따지던 과거의 관행에서 벗어나 "전쟁의 잔혹함"을 이야기할 날이 오기를 바라기도 하고(이향규), 전쟁의 개념을 넓혀 "일상 속에서 폭력과 공포가 계속되고 있다면, 그것은 평화가 아니라 전쟁 중"(김은실)이라고 말하기도 한다.

　　실제로 21세기 지구촌에는 전쟁만큼이나 규모가 커진 조직범죄가 만연해 있다. 로베르 크노스Robert Knoth와 안토아네트 드 용Antoinette de Jong의 〈전쟁과 조직범죄의 세계화〉는 컴퓨터 프로그램으로, 지구촌 곳곳에서 벌어지는 국지전과 마약 무기 밀매, 인신매매 루트 같은 세계화된 범죄들을 세계지도에 링크를 걸어 관람객이 열람해볼 수 있게 했다. 20세기에는 전쟁이 인류의 안녕을 위협했다면, 21세기에는 국경과 대륙을 넘나드는 세계화된 조직범죄가 일상적으로 안녕을 위협하고 있다.

　　전쟁에 대한 비극적 기억이 상상력을 압도하던 시기도 벗어나고 있다. 이제 예술가들은 전보다 유연하고 자유롭게 전쟁을

⟨어른의 놀이⟩, 에르칸 오즈겐Erkan Özgen, 2004년

⟨하라세Harase⟩, 에르칸 오즈겐, 2020년

형상화한다.

에르칸 오즈겐은 두 편의 비디오 작품에서 전쟁이 인류에게 끼친 영향을 풍자적으로 형상화한다. 〈어른의 놀이〉에선 어린이들이 중동의 테러리스트들처럼 스키 마스크를 쓰고 놀이터에 등장한다. 놀이터에 들어서기 전에 군사작전처럼 탐색을 하기도 하고, 놀이기구를 탈 때는 군사훈련 같은 규율과 질서를 보여준다.

반면에 〈하라세〉에는 어른들이 살상 무기를 들고 나온다. 하지만 그들이 사막에서 무기를 들고 심드렁한 표정으로 하는 일은 음악 합주다. 리듬에 맞춰 자동소총의 격발 장치를 당기고, 돌멩이로 바주카포를 두드린다.

어린이들이 군사훈련을 흉내 낸 놀이를 하고, 어른들이 살상 무기로 음악을 연주하는 일은 보통의 문명사회에서는 일어나지 않는다. 두 작품은 전쟁이 인류 문명의 가치 체계를 얼마나 혼란에 빠뜨리고 파괴하는지를 유머러스하면서 섬뜩하게 풍자한다.

논타왓 눔벤차폴이 보여주는 〈미스터 쉐도우〉 연작은 전쟁에 나온 병사들의 훼손된 정체성을 다룬다. 연작에서 병사들은 군복으로만 존재한다. 그들은 한가로운 시간을 보내듯 바위 위에 걸터앉아 있거나 풀밭에 누워 있는데, 하나같이 몸은 보이지

〈미스터 쉐도우〉, 논타왓 눔벤차폴Nontawat Numbenchapol, 2016~2018년

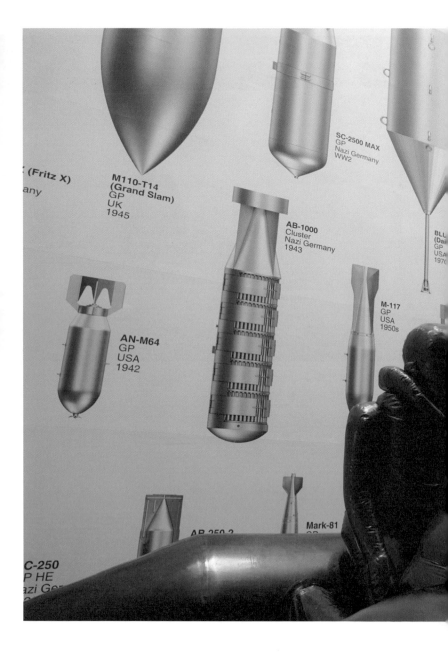

〈여행의 법칙〉, 아이 웨이웨이Ai weiwei, 2017년

않는다. 몸의 볼륨감은 군복의 형태로 나타나지만 얼굴도 손도 보이지 않는다.

인간의 얼굴은 개인의 고유한 개별성을 보증하는 증표다. 얼굴이 보이지 않는 것은, 전쟁 기계에서 개성이 지워진 채 부품으로 전락한 병사의 정체성을 떠올리게 한다. 한편, 전쟁의 비극을 증언하는 것일 수도 있다. 팔이 날아가거나 무릎 아래가 날아가거나 폭탄을 맞아 아예 흔적도 찾을 수 없게 된 참전용사들의 비극이다. 병사의 몸은 날아가더라도 군복으로 표상되는 집단의 정체성은 멀쩡하게 살아 움직인다는 의미에서 작품은 더 비극적으로 읽힌다.

아니면 몸은 멀쩡하더라도 전쟁 신경증으로 정신이 나간 텅 빈 존재를 가리키는 것일 수 있다. 〈미스터 쉐도우〉란 이때, 개별성이 훼손되고 몸과 혼이 나간 그림자 같은 헛것, 군번 달린 옷가지로만 남은 참전용사들이다.

아이 웨이웨이의 세 작품은 작품 규모만으로도 인류를 짓누르는 전쟁의 무게를 일깨운다. 〈폭탄〉은 세계 각국에서 개발된 온갖 폭탄들을 두 개 층에 걸친 높다란 벽에 한가득 인쇄해 놓은 작품이다. 폭탄들은 폭격기에서 방금 투하된 것처럼 거꾸로 세워져 있는데, 나치가 개발한 폭탄부터 미국과 소련이 냉전 시절 개발한 폭탄들까지 망라되어 있다.

그 맞은편 벽에는 〈난민과 새로운 오디세이〉라는 작품이 붙어있다. 난민들이 수용된 캠프의 모습들이다. 이 난민 캠프와 폭탄들 사이에 검은색의 거대한 구명보트, 〈여행의 법칙〉이 놓였다. 신화 속 타이탄들처럼 커다란 인간 형태의 풍선들이 구명조끼를 걸치고 다닥다닥 붙어 앉아 있다. 〈여행의 법칙〉은 폭탄이 하늘에서 비처럼 쏟아지는 전장에서 난민 캠프로 떠나는 피난 행렬을 여행이라고 역설적으로 표현한 것일 수도 있고, 인류의 미래에 대한 암울한 묵시일 수도 있다.

요안나 라즈코프스카Joanna Rajkowska의 〈에어웨이즈〉는 우리 사회에서도 낯익은 극우 이데올로기를 다루고 있다. 비스듬히 마주 보고 있는 두 개의 대형 스크린이 있고, 각기 다른 영상이 나온다. 오른편 영상은 아마도 '헝가리 호위대'라고 불리는 우익단체의 행사를 담은 비디오다. 왼편 영상은 '다국적기'라고 소개되는 비행기에 사람들이 올라타 부다페스트를 구경하는 모습을 담은 비디오다. 승객들은 헝가리에 살지만 차별받는 사람들, 외국 이민자거나 유색인종이거나 동성애자들이다.

한창 극우화되어가는 헝가리에서 이들은 언제 무슨 일을 당할지 몰라 불안해한다. "벽으로 둘러싸인 깨끗한 헝가리"를 만들려는 극우파들에게서 그들은 전쟁이 다가오는 불안감을 느낀다.

전쟁의 성격이 바뀌고 해석이 바뀐다고 해도 절대 바뀌지 않는 점이 하나 있다. 일단 전쟁의 광기가 덮친 지역은 이루 말할 수 없는 비극을 겪는다는 사실이다. 한국 전쟁을 본 인도네시아의 언론인 모흐타르 루비스Mochtar Lubis는 이렇게 물었다.

"누가 이 불쌍한 한국인들의 마음을 헤아려줄 수 있단 말인가? 한국인들이 이 전쟁을 원했단 말인가? 정작 그들이 살던 동네들은 불타 없어졌고, 죽음과 굶주림의 광기는 가실 줄 모른다."

한반도는 일찍이 유례없는 장기간의 평화 상태를 유지하고 있다. 하지만 평화의 한편에 공포의 그늘도 여전하다. 피스모모PEACEMOMO라는 단체는 "평화는 난민의 것/평화는 장애인의 것/ (…) 평화는 당신의 것"이라면서 "그 어떤 무기도 코로나19에는 아무 소용없는데, 여전히 그 무기들을 사야 할까요?"라고 묻는다. 전쟁이 아니더라도 인류를 위협하는 비극은 얼마든지 있다.

하지만 팬데믹보다 더한 것이 와도 지구촌에서 전쟁이 근절되기는 쉽지 않다. 빈도와 규모가 줄어들 수는 있어도 인류는 전쟁과 결별할 수 없다. 인류에게는 전쟁을 근절할 수 있을 만치 서로를 이해할 능력도 없고, 서로를 인정할 의지도 없기 때문이다. 아프가니스탄을 침공한 소련군은 자신들이 공산 혁명

때 그랬던 것처럼 무슬림인 아프간 농민들에게 경작지를 무상으로 나눠주려고 했다. 하지만 농민들은 땅은 인간의 것이 아닌 알라신의 것이라며 받기를 거부했다. 또 트랙터 같은 농기계를 지원해주자 모두 부숴버렸다. 배고픈 아이들이 소련군에게서 사탕을 받아오자 부모들은 아이들의 손을 모두 잘라버렸다.

우리 한국인들은 전쟁을 원하지 않았다. 하지만 전쟁은 일어났고 비극의 여파는 여전하다. 전쟁은 어떤 이유로든 일어날 수 있다. 잊고 살고 있을 뿐 전쟁이 언제 일어나도 이상하지 않은 지금이다. 제1차 세계 대전처럼 휴전선에서의 총격 사건 한 번이 전쟁을 불러올 수도 있다. 내가 보기에 전쟁을 막기 위해 우리가 할 수 있는 일은 하나뿐이다. 남북한의 지속적이고 우호적인 대화다.

17

어째서 흐르는 피는
남들에게 충격을 줄까?

시오타 치하루의 작품들을 구성하는 빨간 색실의 의미를 알기는 쉽다. 뉴스에서 사진으로 봤을 때, 그리고 〈Between Us〉 전이 열린 가나아트센터에 한 발 들여놓자마자 관람객은 직관적으로 알게 된다. 그녀의 빨간 색실은 우리가 이미 가지고 있는 것, 생명이 싹텄을 때부터 이미 가졌기에 우리 자신과 분리해서 생각할 수 없는 것, 바로 혈관이다.

하지만 우리가 자기 몸과 일차적으로 마주하는 대상은 표면, 피부다. 평소라면 인간은 자신의 혈관을 똑바로 마주하기 어렵다. 거울을 통해 눈의 흰자위를 물들인 실핏줄들이 아니라

⟨Between Us⟩, 시오타 치하루Shiota Chiharu, 2020년

면 우리는 혈관을 볼 수 없고, 만약에 자기든 남이든 겉으로 드러난 혈관을 보게 된다면 뭔가 심각한 일이 벌어진 것이다.

만약 '혈관'을 상징적 의미로 쓴다면, 우리는 혈관을 흐르는 피에서 생명의 핵, 원천 등을 떠올릴 수 있다. 이때 시오타의 빨간 색실은 마치 서로 피를 나누는 것처럼 너와 나, 동일자와 타자를 근원에서 이어주는 매개가 될 수도 있다. 전시실 하나를 가득 채운 작품 〈Between Us〉는 여기저기 흩어진 걸상들이 표상하는 일상적인 공간을, 빨간 색실들이 입체적으로 촘촘히 채우고 있는 대형 설치 작품이다. 관람객은 작품에서 인간 외부의 현실적인 일상과, 인간 내부의 보호되고 숨겨진 혈관들이 공존하고 있는 초현실적이고 부조리한 광경을 보게 된다.

인체의 혈관은 우리 자신이면서도, 눈에 보이지 않아 끊임없이 호기심을 불러일으키는 대상이기도 하다. 우리는 우리의 혈관을 보고 싶어 한다. 그래서 사체에서 수분과 지방을 제거하고 반응성 플라스틱을 주입해, 반영구적으로 보존할 수 있게 한 플라스티네이션plastination 이라는 기술을 개발하기도 했다.

이 기술로 만든 신체 표본은 인기 있는 전시물이기도 하다. 실재 인체로 만든 이 표본들은 예술품처럼 세계의 전시장을 순회한다. 우리나라에서도 2003년 국립 서울과학관에서 〈인체의

신비〉 전이 열려 흥행을 했다. '해부학 예술^{anatomy art}'이라는 용
어까지 생겨났다.

당시 전시회에서 본 전시물들 가운데 지금도 내 기억에 남
아있는 건 가느다란 빨간 혈관들만으로 이뤄진 인간과 동물의
몸이었다. 사체에 플라스틱을 주입한 다음 딱딱하게 굳은 혈관
들만 남겨놓고 피부와 뼈와 살을 모두 제거한 표본들이었다. 혈
관만으로도 사체의 온전한 형태를 구현할 수 있을 정도로, 혈관
들은 인체 구석구석까지 뻗어 있었다.

내가 시오타의 〈Between Us〉에서 떠올린 것이 그 혈관 표
본이다. 가늘고 연약한 혈관 같은 빨간 색실들이, 인체에서처럼
전시실 내부를 가득 채우고 있다.

시오타는 작가의 말에서 작품의 걸상은 "사회적 공간을 만
들어낸다."라고 말한다. 인간은 걸상에 앉아 서로 대화를 나눈
다. 한편 빨간 색실은 혈관이다. 이 혈관들은 〈Between Us〉에
서 걸상 하나하나를 연결해 "하나의 큰 우주"를 만든다.

"우리는 타인과의 연결고리 없이 존재할 수 없다. 이러한 연
결고리는 우리의 핏줄 속에 있다." 시오타의 말처럼 혈관은 나
와 너를 이어주는 연결고리다.

시오타의 작품은 이미 2015년에 본 적이 있다. 서울시립미
술관의 〈동아시아 페미니즘: 판타시아〉 전에 초청 작가로 〈After

the Dream〉을 전시했었다. 역시 색실로 설치 작업을 했는데, 그때는 검은 색실이었고, 걸상 대신 순백색의 드레스를 둘러싸고 있었다. 드레스와 검은 색실들은 시오타에 의하면 "여성의 부재와 억압"을 의미하는 것이었다.

검은 색실들은 백색 조명과 드레스와 대비를 이뤄 전시실 공간 전체를 잿빛 동굴처럼 만들었다. 2020년 전시의 빨간 색실이 전해주는 생명의 느낌과는 반대된다. 시오타가 말하는 여성에 대한 억압과, 그 억압의 결과인 여성의 부재는 잿빛의 공간, 생명 없는 텅 빈 동굴 같은 공간을 만들어낸다. 전시실을 가득 채운 검은 색실은 불행한 세계에 내려앉은 잿빛 재의 느낌이다.

얼키설키 얽힌 색실들이 드레스나 걸상 같은 오브제를 덮고 공간을 채우고 있다는 점에서 2015년 작품이나 2020년 작품의 구성원리는 같다. 하지만 시오타는 색실을 검은색에서 빨간색으로 바꿈으로써 두 작품을 전혀 다른 것으로 만들었다.

차지고 끈끈함, 걸쭉함, 섬뜩한 색감, 고약하고 불쾌한 냄새 같은 피의 감각적 성질들은 생명을 추상적인 개념이 아닌, 만지고 냄새를 맡고 볼 수 있는 실체로 만든다. 시오타는 빨간 색실로 둘러싸는 작업을 통해 여러 오브제들에 생명의 활력 징후를 부여하는 작업을 한다. 〈Strange Home〉은 집의 골격을 빨간 색실로 감싸 집의 혈관에 피가 돌고 있는 것 같은 환각을 연출한다. 〈State of Being(Keys)〉는 평범한 열쇠 꾸러미를 빨간 색실로 둘러싸 무언가 은밀한 역할이 있으리라는 상징성을 더한다. 〈State of Being(Anatomy Book)〉은 죽음을 다루는 해부학 책에 생명의 피를 돌게 하려는 재생의 의지를 보여준다.

피가 가지는 묵직함 역시 생명에 감각적 실존을 준다. 다자이 오사무는 소설『인간 실격』을 주인공 요조의 표정을 묘사하면서 시작한다. "피의 무게랄까 생명의 깊은 맛이랄까, 그런 충실감이 전혀 없는, 새처럼 가벼운 것이 아니라 그야말로 깃털처럼 가벼운, 그냥 하얀 종이 한 장처럼 그렇게 웃고 있다."[59]

〈Strange Home〉, 시오타 치하루, 2016년

화자를 따르면 "피의 무게", 피의 묵직함은 곧 "생명의 깊은 맛"이자 "충실감"이다. 생명은 추상이 아니다. 생명은 무엇보다 피의 무게로 감각되는 실체고, 그러므로 피의 무게가 느껴지지 않는 요조의 표정은 인간의 것이라는 느낌이 들지 않는다. 이처럼 피는 시각 예술뿐만 아니라 소설에서도 인기 있는 소재다.

가와바타 야스나리의 『설국』은 폐병을 앓다 집으로 죽으러 오는 젊은이의 이미지로 시작한다. 기차 객차에서 젊은이는 앉을 힘도 없어 누워 있고 "허약한 체격"에 손은 "파리하고 누"60렇다. 피가 병들고 몸에서 빠져나가 건강한 혈색을 잃은 환자의 손이다.

『설국』에 피가 직접적으로 언급되지는 않지만 빨간색은 인상적으로 쓰인다. 별빛 가득한 눈밭을 달리는 고마코의 빨간 옷자락은, 주인공 시마무라를 매료시킨 그녀의 활기찬 생명력을 감각적으로 형상화한다.

미시마 유키오의 『금각사』에서 주인공 미조구치는 공습을 당한 오사카에 갔을 때 창자가 노출된 공장 노동자를 본다. 미조구치는 창자는 인간의 내부일 뿐인데, 어째서 추하게 보이는지 이해하지 못한다. 창자는 피처럼 부정할 수 없는 자기 자신이다. 하지만 밖으로 흘러나온 창자 혹은 피는 인간의 외부, "매끄럽고 젊음이 넘치는 피부의 아름다움"과는 감각적으로 큰 차이가 있어 실제로 보면 충격을 받지 않을 수 없다. 미조구치는 "어째서 흐르는 피는 남들에게 충격을 줄까?"[61]하고 묻는다.

미조구치는 범죄를 저지르기 직전 강한 허기를 느낀다. 꿈은 정신이 아니라 위장이 꾼다. 그의 정신이 "보석을 꿈꾸는 사이에도" 위장은 완고하게 "빵과 모나카를 꿈꾸리란 것을"[62] 그는 안다. 빵은 피를 만드는 연료다. 꿈 역시 생명처럼 피의 묵직함을 원한다.

『인간 실격』(1948년), 『설국』(1948년), 『금각사』(1956년)는 한

『인간 실격』, 다자이 오사무 지음, 김춘미 옮김, 민음사, 2004년

때 우리나라의 문학청년들을 매료시켰던 일본의 근대소설들이다. 지금도 탐미주의니 유미주의니 하는 미학적 논의에 종종 일본 문학을 대표하는 예로 등장하곤 한다. 세 작품에서 피는 생명에 감각적인 실체를 더하지만, 이야기가 가닿는 귀결은 생명의 쇠락뿐이다. 스물일곱의 나이에 늙은이가 되고(『인간 실격』), 허무함을 견디지 못해 자살하고(『설국』), 금각사의 아름다운 세계를 불태워버린다(『금각사』). 시오타의 〈Between Us〉와는 달리 세 작품에서 피는 조만간 잃어버릴 생명에 대한 불안한 조짐이다.

피는 생명을 뜻하기도 하지만, 잃어버리기 쉽다는 점에서 곧 삶의 허무, 죽음을 의미하기도 한다. 미조구치의 물음을 생각해보자. 피가 "충격"을 주는 것은 피가 바깥으로 흘러나와 우리의 눈에 띄었을 때다. 피는 생명의 원천이지만 안전하게 피부 아래, 혈관 속에 있을 때만 환영을 받는다.

피가 외부로 흘러나왔을 때는 우리는 대개 죽음의 충격에 노출된다. 이런 점에서 시오타의 빨간 색실들은 예술로서의 기능적 가치를 얻는다. 빨간 색실들은 "피의 무게"를 느끼게 하는 흘러나온 혈관들이면서도, 동시에 죽을 걱정 없이 안전하게 생명을 바깥에서 들여다보고 즐길 수 있게 해주는 예술 작품으로 기능한다.

18

한심한 외다리 꼴로
춤을 왜 추냐고?

보통 우리는 완성된 작품을 본다. 우리가 미술관에서 보는 것은 완성된 그림이고, 소설책에서 읽는 것은 교정 교열에 편집까지 마친 작품이다. 공연장의 무대에서 보는 것은 완성된 노래와 극이고, 영화관의 영화는 말할 것도 없다. 행위예술 가운데 간혹 그림이 그려지는 과정을 몇 십 분에 걸쳐 전시하는 비디오 작품이나 촬영 과정을 보너스로 담은 영화가 있긴 하지만, 그 역시 대개는 사전에 정교하게 계획됐거나 사후에 편집된 완성품이다.

창작 과정에서 반복되는 우연하고 우발적으로 벌어지는 사건들, 해프닝은 분량의 제약이 있는 소설이나 영화에 다 담을 수가 없다. 왜냐하면 창작 과정은 실재하는 세계에서 벌어지는 실재의 삶이기 때문이다. 창작 과정은 또 창작자로서는 내보이고 싶지 않은 것이기도 하다. 완성에 이르는 과정은 완성된 결과와 사뭇 다를 수 있기 때문이다. 과정은 결과와 달리 조금도 근사하지 않을 수 있고, 심지어 정반대일 수도 있다.

〈핀란드 메탈밴드〉의 주인공들은, 록 페스티벌에 나가 자작곡 하나를 연주하기까지 지하 연습실에서 십이 년이라는 긴 시간을 보낸다. 영화는 연주 시간이 오 분 안팎인 자작곡 한 곡이 완성되어 무대에 오르기까지 이들의 여정을 따라가며, 어떤 시행착오와 우여곡절을 겪는지 유머러스한 시선으로 보여준다.

〈핀란드 메탈밴드〉의 네 젊은이가 추구하는 음악은 우리에겐 낯설지만 북유럽에서는 인기 만점인 극단적인 록 음악, 블랙 메탈이다. 노랫말은 주로 북유럽의 어두운 전설들을 다룬다. 무대의상은 공포 영화에나 나올 법한 으스스한 흑마술사나 사탄, 시체 같은 분장과 복장이다.

하지만 밴드의 실제 모습은 조금도 으스스하지 않을뿐더러 웃기기까지 하다. 주인공들은 핀란드 시골 마을에 사는 흔한 청년들이다. 긴 머리에 가죽 점퍼를 걸쳤지만 행동거지는 반듯하

〈핀란드 메탈밴드〉 포스터, 유소 라티오Juuso Laatio · 유카 비드그렌Jukka Vidgren, 2020년

고 점잖다. 그저 함께 모여 합주를 하는 게 제일 즐거운 일 같다. 직장도 있다.

보컬리스트 뚜로는 요양원의 간호사인데, 소심하고 내성적이라 동네 청년들이 "괴짜 호모"라고 놀려도 맞서지 않는다. 보컬이면서도 불행히도 무대 울렁증이 있어 무대에 오르면 구토를 해서 속엣것을 모두 게워낸다.

열정과 끈기는 대단하지만 음악에 재능이 있는지는 의문이다. 기타리스트 로트보넨의 집은 순록 도살장을 하는데, 그의 아버지는 아들의 밴드를 두고 "너희 연주 짜증 나서 순록도 자살하려고 한다."라며 핀잔을 준다. 밴드는 자작곡을 만드는 데 실패를 거듭하다, 도살장 기계의 소음에서 문득 영감을 얻어 비로소 생애 첫 자작곡의 운을 뗀다.

이들은 고심해서 밴드 이름을 "임페일드 렉툼Impaled Rektum" 이라고 짓는데, 발음이나 로고를 봐서는 뭔가 근사해보이지만 그 뜻은 "찔린(꿰뚫린) 똥꼬"이다. '임페일드 렉툼'은 자신들의 음악을 "심포니 종말 이후 순록 분쇄 안티 기독 극렬 이단 전쟁광 페노스칸디아 메탈"이라고 규정짓고는 만나는 사람한테마다 진지하게 소개한다.

이들은 핀란드에서 록 페스티벌이 열리는 노르웨이까지 타고 가기 위해 고물 밴을 산다. 동물과 사람을 치어 죽인 이력에 조수석에서 광대가 자살한 사연까지 있는 밴이다. 이 밴에도 역시 으스스하게 "데스 밴"이라는 이름을 붙인다.

베이스시트 파시는 블랙 메탈 밴드들이 전통적으로 하는 '콥스 페인트corpse paint'라는 시체 분장을 하고 다닌다. 하지만 경찰의 눈엔 "너구리 눈탱이"로 보일 뿐이다. 밴드는 드러머 윙퀴가 죽자 윙퀴의 관을 파내 노르웨이까지 싣고 간다. 노르웨이로 가는 동안에는 테러리스트로 잘못 알려져 이들을 잡으려고 국경 수비대까지 출동한다.

이렇게 해서 으스스한 마력의 밴드 '임페일드 렉툼'은 완성

〈핀란드 메탈밴드〉 중에서

된다. 페스티벌 무대에 오를 즈음엔 이 시골 청년들은 뉴스의
주인공이 된다. 무대에 도달하기까지 거쳤던 엉성하고 어수선
한 온갖 소동들은 무대 뒤편으로 사라진다. 심지어 노련한 록
스타처럼 보이기까지 한다.

밴드엔 "죽은 드러머를 무덤에서 파내고 (노르웨이와) 전쟁
을 낼 뻔"한 "또라이 핀란드 메탈밴드"라는 타이틀이 붙는다.
뚜로는 이번에도 무대 울렁증을 이기지 못해 구토를 하는데, 이
제는 이조차도 멋진 쇼맨십으로 열광적인 환영을 받는다.

〈핀란드 메탈밴드〉는 작품의 완성에 이르는 지난한 우여곡
절을 희극적으로 보여준다. 이들이 무대 위에서 부르는 노래는
놀랍게도 숭고하고 고귀하고 원초적인 느낌이 들지만, 그 경지
에 이르는 과정은 우연투성이에 세속적이고 거칠며 실망스러
울 뿐이다. 이것이 예술가 대부분이 작품을 완성해 세상에 내놓

기까지 거치는 실제 과정일 것이다.

작품은 예술에 속하지만, 그 예술에 이르는 과정은 삶에 속한다. 작품과 삶은 판이하게 다를 수 있다. 판이한 것은 사각 링에서 초인적인 힘과 근성을 보여주는 쇼인 레슬링도 마찬가지다. 〈더 레슬러〉는 레슬링 쇼 한 편이 완성되는 데까지 이르는 과정을 랜디라는 레슬러의 삶을 통해 비극적으로 보여준다.

랜디 더 램 로빈슨은 1980년대 최고의 경기를 펼치며 전성기를 맞았던 프로레슬러다. 영화는 그 20년 후, 현재의 랜디를 보여준다. 그는 여전히 현역 레슬러지만 언젠가는 시들기 마련인 대중의 사랑에 취해 노후를 준비하지 못했다. 그는 슈퍼마켓에서 일하고 트레일러 주택에 사는데 그나마 월세를 못 내 쫓겨날 판이다.

랜디는 거구의 근육질에, 싸움이 직업이고 링에서는 전설의 챔피언이지만, 상식과 법이 지배하는 현실에서는 힘을 쓰지 못한다. 그가 일을 더 하고 싶다고 하자 슈퍼마켓의 매니저는 "레슬러 쫄팬티 값 올랐어?" 하고 조롱을 한다.

이 현실이 랜디의 삶이다. 링이라는 무대 위에서 펼쳐지는 레슬링 쇼의 화려함과 격렬함과는 비교할 수 없을 만치 고단하고 무기력한 삶이다. 그에게 삶이란, 링에서 불꽃처럼 타오르는

〈더 레슬러〉 포스터, 대런 아로노프스키Darren Aronofsky, 2009년

멋진 십 분을 위해 바쳐진 기나긴 불쏘시개 같은 것이다. 그에
겐 레슬링이 전부고, 삶이란 언제나 부차적이었다.

　그래서 랜디의 삶은 망가졌다. 링 위에선 초인의 몸뚱이일
지라도 링 아래에서는 인간의 몸으로 돌아간다. 그는 약을 달고
산다. 호르몬제, 진통제, 항생제, 근육 강화제, 인슐린에 스테로
이드만 해도 세 종류나 쓴다.

　랜디는 하드코어 매치 후 심장에 무리가 와 심장 발작으로
쓰러진다. 외로움에 딸을 찾지만 딸은 "내가 아빠 필요할 땐 뭐
하다가? 심장이 터지든 죽든 난 관심 없어." 하고 소리를 지른

다. 왕년의 레슬링 스타들이 모여 팬 사인회를 열지만 찾아오는 팬은 없다. 사인회에서 그가 확인하는 현실은 자신의 미래, 그러니까 휠체어를 타고 소변 주머니를 찬 옛 동료들이다.

의사는 레슬링을 관둘 것을 권하지만 랜디는 도저히 관둘 수가 없다. 링에만 오르면 관중들의 환호성에 아픔을 잊는다. 그는 결국 레슬링 무대 대신 삶을 그만둔다. 딸과는 절연하고, 연인의 충고도 저버리고, 슈퍼마켓은 행패를 부리고 그만둔다.

랜디는 현실로부터 도망치는 것이 아니다. 그는 자신의 삶을 있는 그대로 받아들인다. 그는 자신이 "아무짝에도 쓸모없는 외로운 늙은이"라는 사실을 잘 알고 마지막이 될 레슬링 무대에 올라서는 "젊었을 때 막 살다 보니 남은 건 고통스러운 현실뿐이고, 결국 사랑하는 사람까지 다 떠났"다고 고백한다.

링에 올라 경기를 하면 심장 발작으로 죽을 수도 있다고 막아서는 연인에게 랜디는 차분한 목소리로 말한다. "내 가슴이 찢기는 건 바로 저 (링 바깥의) 세상인 걸."

사람들은 랜디가 레슬링 때문에 삶을 망쳤다고 여기겠지만, 정작 그를 망쳐놓은 건 그를 냉대하고 조롱했던 현실의 삶이었다. 레슬링의 사각 링은 오히려 견딜 수 없는 현실에서 지친 그를 계속 살아가게 하는 구원이었다. 관중석에서 그를 부르는 환호성이 들리자 그는 말한다. "들려? 저게 바로 내 세상이야."

조르조 아감벤Giorgio Agamben은 『내용 없는 인간』에서 작품을 창조하는 예술가와 작품을 감상하는 관람자는 근본적으로 차이가 있다고 말한다. 같은 예술이라도 "관람자가 경험하는 예술과 예술가가 경험하는 예술"은 서로 분리된다. 무대에 오른 '임페일드 렉툼'와 팬들, 링에 오른 랜디와 팬들은 같은 쇼를 공유하면서도 서로 다른 경험을 하는 것이다.

예술가는 작품에서 "행복의 약속"[63]을 보고 작품이 곧 그가 누릴 수 있는 유일한 현실이 되지만, 관람자에겐 작품이 그저 사심 없이 즐거움을 누릴 수 있는 대상에 그친다. 그러므로 임페일드 렉툼의 네 젊은이가 국경 수비대에 쫓기면서도 페스티벌에 찾아가고 랜디가 죽을 걸 알면서도 링에 오르는 것은, 팬들에게는 아무리 우스꽝스러운 희극이고 선혈이 낭자한 비극으로 보일지라도, 당사자들에겐 행복의 극치에 이르는 길일 수 있다.

아감벤은 피그말리온을 예로 든다. 조각가 피그말리온은 자신이 만든 조각상이 거꾸로, 자신의 "삶에 속하기를 갈망"한다. 예술가의 삶이 만든 작품이 거꾸로 예술가의 삶이 되는 것이다. 이때 피그말리온에게 자신의 조각상이란 "생동하는 삶의 가치들을 강화하고 무한히 증폭시키는 행복"[64]이 된다.

창조적 글쓰기도 마찬가지다. 아감벤은 『불과 글』에서 푸코의 말을 인용한다. "글쓰기가 행복한 건 아닙니다. 존재한다는 행복감이 글쓰기에 매달려 있을 뿐이죠." 창조적 글쓰기 자체는 밴드 활동이나 레슬링처럼 삶을 위태롭게 하고 고통스럽게 할 수 있다. 특히 글쓰기에 생계가 달려 있을 경우엔 더하다.

하지만 아감벤의 말처럼 "행복은 오로지 하나의 창조적인 활동을 통해서만 가능해진다." 행복은 아무리 사소한 것일지라도 자기 손으로 무언가를 창조했을 때 얻어진다. 때문에 예술가에게 "자기 배려는 어쩔 수 없이 하나의 작품 만들기를 거칠 수밖에 없다." 푸코의 말을 따르면 "우리는 스스로를 하나의 예술 작품으로 만들어야"[65] 한다.

〈핀란드 메탈밴드〉와 〈더 레슬러〉는 작품의 완성에 이르는 과정이 희극이든 비극이든, 결국 똑같은 메시지를 들려주고 있다. 팬들의 눈에 어떻게 보이든, 작품이란 예술가 자신에겐 행복이란 사실이다. 그래서 예술이란 "운명의 극단적인 한계"[66]에 이르더라도 해볼 만한 가치가 있다는, 어쩌면 바로 그래서 도달할 가치가 있다는 메시지다.

이때 그 '극단적인 한계'에 이르는 창작 과정, 예술가의 삶은 두 영화에서 보듯 작품이 되고 예술이 된다.

〈더 레슬러〉의 결말엔 랜디의 독백처럼 브루스 스프링스틴

Bruce Springsteen의 노래가 흘러나온다.

⋮

편안하게 가는 길 왜 다 마다했을까?

그나마 편히 쉴 집 왜 떠나야 했을까?

으스러진 뼈와 상처 그게 내 전부로군

그러곤 노래는 이렇게 묻는다.

⋮

한심한 외다리 꼴로 춤을 왜 추냐고?

하지만 그 자유로운 외다리 춤이 내 인생

랜디는 인간이 평생 좇지만 소수의 사람만이 도달하는 삶의 행복, 행복의 극치에 도달했다. 외다리 춤 같을망정 그는 작품을 완성했고, 그 작품이란 바로 완성에 이르는 과정으로서의 삶, 그 자신의 삶이었다.

19

생각 근심 속에
남아 있는 것은 무엇인가?

보고 있으면 마음이 편해지는 그림들이 있다. 내 경우에, 무엇보다 색들이 잘 조화되었을 때 편한 느낌이 든다. 내 취향이다. 하지만 관람객인 내 취향이 어떻든, 세상의 모든 작가는 저마다 다 다르고 다른 만큼 스타일도 다양하다. 색을 조화롭게 구성한다는 것에 의문을 지니고 오히려 조화를 깨는 것이 미학적 목표인 작가도 있을 것이고, 색감이 우선순위가 아닌 작가도 있을 것이다. 아니면 그저 색을 다루는 훈련이 덜 된 작가도 있을 수 있다.

〈2020 금호 영 아티스트-빼기, 나누기 그리고 다시 더하

〈혼합된 세계〉, 조민아, 2020년

기〉 전(금호 미술관, 2020년)에서 본 조민아의 〈혼합된 세계〉는 내 취향에 맞아 마음이 편안해지는 작품들이었다. 색감은 일부러 한숨 덜어낸 것처럼 전반적으로 연한 느낌을 주고, 봐서 한번에 이해하지 못할 추상적인 형상은 등장하지 않는다.

그렇다고 상투적이지도 않다. 조민아는 자신의 기억에서 길어 올린 듯한 편린 같은 이미지들을 패치워크를 하듯 캔버스에 배열한다. 패치워크의 방식은, 기억을 재구성하여 새로운 과거를 만들어내는 방식이 사람마다 다르듯 조민아도 다르다. 그 방식이 어떤 것이라고 말하는 일은 쉽지 않지만, 적어도 작가가 살면서 형성해온 실존의 복잡다단함만큼 복잡다단할 것이라고 말할 수는 있다.

작가 자신의 실존에 밀착되어 있을수록 작품은 상투성과는 멀어진다. 작품을 보고 있으면 작가가 곁에 서서 나지막이 세상 어디에도 없는 자신의 이야기를 세상 어디에도 없는 방식으로 들려주는 느낌을 받는다.

김순임은 펠트를 찢어 다시 뭉치고 붙여서 형상을 빚는다. 나는 저 푹신한 펠트로 만든 〈비둘기 소년: The People 19-다니엘〉을 바라보고 있는 것만으로 마음에 온기가 돈다. 이것도 내 취향이다.

〈비둘기 소년: The People 19-다니엘〉, 김순임, 세화미술관, 〈손의 기억〉 전, 2020년

온기는 꼭 살갗을 통해서, 직접적인 접촉을 통해서 전해지는 것만은 아니다. 얼어 죽어가면서도 성냥을 켜고 상상 속에서 온기가 넘치는 따스한 가정을 꾸렸던 소녀의 이야기를 우리는 알고 있다. 인간의 상상력은 온기를 지펴 생명을 약간 연장할 수 있을 정도로 대단한 일도 해낼 수 있다.

나는 저 펠트 소년과 친구가 되고 싶고 손도 잡아보고 싶고 한번 껴안아도 보고 싶다. 그래서 지금 내가, 내 삶의 자리가 얼마나 얼음장 같은지 확인해보고 싶다. 그래서 내 삶이 반드시 얼음장 같지도 않다는 것을, 반대로 소년의 가슴이 더 얼음장 같을 수 있다는 사실을 느껴보고 싶다.

나는 〈비둘기 소년: The People 19-다니엘〉이 이해하기 쉽다거나 재치 있다거나 해서 좋아하는 것이 아니다. 머리보다 마음이 먼저 반응하는 작품들이 있다. 그런 작품들이 어떤 것이라고 딱히 틀을 지을 수는 없지만 내 취향을 말해준다. 그런 작품들은 조민아의 작품처럼 구상미술일 때도 있고 후술할 이승조의 작품처럼 추상미술일 때도 있다.

추상회화처럼 도무지 뭔지 모를 작품들도 마음을 움직인다. 아니, 추상회화는 마음이 아니고서는 다른 방식으로는 달리 이해할 방법이 없는지도 모른다. 알랭 바디우는 『검은색』에서 검은색만으로 이뤄진 단색 추상회화에 대해 피에르 술라주 ^{Pierre} ^{Soulages}가 했던 말을 인용한다. 술라주는 "이미지를 버린 화법을 구사"했고, 또한 회화를 의미를 전달한다는 의미에서 "하나의 언어로 생각해본 일이 없다."고 했다. 술라주의 추상회화는 "이미지도 언어도 아닌 것이다."[67]

나는 이 말처럼 추상회화를 잘 설명한 말을 본 적이 없다. 작품이 이미지도 아니고 언어도 아니라면, 작품은 관람객에게 어떻게 전달될 수 있을까? 우리가 영화든 소설이든 미술 작품이든 뭔가를 감상한다는 것은 작품과 소통한다는 의미다. 작품

『검은색』, 알랭 바디우 ^{Alain Badiou} 지음, 박성훈 옮김, 민음사, 2020년

이 건네는 말을 듣고, 즐거움이든 슬픔이든 분노든 작품이 드러내는 감정에 공감하고, 작품이 어떤 표정을 짓는지 이해하고 또 내 반응을 드러낸다는 의미다.

하지만 술라주의 말처럼 추상회화는, 우리가 일상적으로 사용하는 소통의 수단으로는 접근이 가능하지 않다. 이미지면 도상의 의미를 해석하면 되고, 언어라면 이해 가능한 관람객의 언어로 번역하면 된다. 해석과 번역은 관람객이 예술 작품 앞에서 일상적으로 해내는 기계적인 작업이다.

추상회화는 해석과 번역이 둘 다 본질적으로 어렵다. 추상회화에는 소통 가능하고 해석 가능한 시니피앙(기표)이 없기 때문이다. 그래서 추상회화 앞에 서면 일단 골치가 아프기도 하고, 때로는 실소가 나오기도 한다. 추상미술은 대개 마니아적인 장르로 받아들여지거나 혹은 정반대로 아르데코가 그랬던 것처럼 집안을 꾸미는 실내 장식용의 이미지로 수용되기도 한다. 우리는 벽지의 무늬를 굳이 이해하려 하지 않는다, 소비할 뿐이다.

국립현대미술관 과천관에서 이승조의 〈도열하는 기둥〉 전이 열렸다. 이승조는 1960년대 우리나라 기하추상의 흐름을 이끌었던 화가다. 그가 남긴 메모를 보면 그의 정교하게 대칭을 이룬 도형들이 어디서 나왔는지 근원을 짐작할 수 있다.

이승조가 어느 날 기차를 타고 가면서 생각에 잠겨 있는데 "망막 속을 스쳐가는 게 있었다."라는 이야기다. 그렇지만 눈을 떴을 때는 "아무것도 없었다." 그는 그 강렬한 순간을 잊지 않았다가 집에 돌아와 이미지로 완성했다. 그의 "파이프적인 그림"[68]은 그렇게 해서 나왔다.

이승조의 추상회화에 이미지가 있기는 하다. 하지만 그 다만 파이프적인(파이프는 아닌) 이미지가 의미하는 바는 없다. 파이프적인 이미지는 망막 속을 스쳐 지나갈 뿐인, 애초에 눈을 뜨면 사라지는 이미지였고, 추상적인 이미지가 아니고서는 남길 수 없는 이미지였다. 추상회화의 이미지는 이승조의 메모처럼 "아무것도 없"는 이미지다. 아무것도 없는 이미지에서는 아무것도 읽어낼 수 없다.

추상회화는 그래서 가사 없이 연주로만 이뤄진 음악과 같다. 우리는 차이코프스키나 쇼스타코비치의 합주협주곡을 굳이 문자 언어로 옮기려 하지 않는다. 그 일이 아마도 가능하지 않으리란 것을, 어렴풋하게라도 알고 있기 때문이다. 가사 없는 연주 음악 역시 이미지도 언어도 아닌, 추상적인 어떤 것이다.

관람객이 어떤 작품을 보며 느끼는 깊이는 작품의 깊이가 아니라, 많은 경우 그 작품이 촉발한 관람객의 사유의 깊이다.

〈도열하는 기둥〉 전, 이승조, 2020년

그래서 작품이 촉발하는 사유의 깊이가 깊을수록 관람객은 그 작품에 깊이가 있다고 말하고, 반대로 보잘것없으면 그 작품에 깊이가 없다고 여긴다. 이런 이유로 우리는 같은 작품을 놓고도 설왕설래하게 된다. 우리는 작품의 깊이를 놓고 논쟁하면서, 사실상 자신과 상대방의 사유의 깊이를 논쟁의 대상으로 삼는다.

추상회화의 경우는 더욱 그렇다. 읽어낼 이미지도 언어도 없는 추상회화 앞에서, 관람객은 소통할 말을 찾지 못하고 자신으로 돌아가 자기 내면의 반응을 읽어내려 한다.

인간의 일임에도, 사유란 쉽지 않다. 적어도 나는 그렇다. 취향에 맞는 작품을 찾아다니며 즐겁기를 바라지, 사유로 골치가 아프기를 바라지는 않는다. 하지만 정말로, 우리가 예술에서 원하는 것이 사유 없이 그저 즐겁기만 한 것일까.

자크 데리다는 조르조 아감벤을 인용하며 사유에 대해 이렇게 말한다. "'사유'라는 말은 원래 고뇌, 고통을 의미했"다. 이탈리아어의 "stare in pensiero(생각 속에 서 있다)"라는 말은 고통받고 있다는 의미로 쓰인다.

사유란 현대인들에게도 여전히 고뇌고 고통이다. 성가신 것 이상이다. 사유란 인간의 본성을 거스르는 일 같기까지 하다. 아감벤은 인간의 "생각 / 근심 속에 남아 있는 것은 무엇인가?"라고 물으며 "그것은 오직 언어"[69]일 뿐이라고 말한다. 사유는 오직 언어를 통해서만 가능하다.

때문에 추상회화나 연주 음악처럼 언어가 없는 예술은 더욱 고통스럽다. 그런 예술들엔 사유를 촉발하는 언어조차 없는 것이다. 슐라주의 말처럼, 이미지도 언어도 없다. 그래서 우리는 추상회화 앞에서 어리둥절하고 고통스러워하면서 우리 자신을 향해 돌아서서는 우리 자신을 사유하게 된다.

우리는 추상회화를 읽어낼 수 없다. 우리는 그 대신 자신을, 고통스러워하는 자신의 언어를 읽어내고 사유하게 된다. 그리고 당연히, 그 일을 즐긴다. 예술이 촉발하는 사유의 고통은, 그 예술의 이해되지 않는 아름다움처럼 때때로 충분히 즐길 만한 고통이기 때문이다. 무해한 고통이기 때문이다.

모든 게 생산되고
모든 게 팔리는

처음 문학을 공부하고 미술관에 다니고 음악과 영화를 진지하게 대하기 시작했을 때만 하더라도, 막연하게나마 예술에도 정답이 있을 거라고 여겼던 것 같다. 그리고 그때로부터 삼십여 년이 지나는 동안, 나는 간간이 예술의 과거를 돌아보고 다른 문화권의 사람들은 어떤 말을 했는지 찾아보는 시간을 갖곤 했다.

20세기에서 21세기로 넘어오는 동안 세상은 빠르게 변했다. 아주 빨리 변했고 세상이 변한 만큼 예술도 변했다. 이제 세상 사람들은 더는 아름다운 것만을 좇지 않는다. 아름답고 추한 것의 기준도 빠르게 변하고 있을 뿐만 아니라, 아름답고 추한 것의 구분을 더는 하려 들지 않는다. 내 분야인 소설도 종이책에서 전자책으로, 웹소설로 다양화되고 진화하면서 이제 더는 전과 같은 기준으로 소설을 읽지 않는다. 잘 썼느냐, 못 썼느냐는 이제 더는 소설 읽기의 주된 기준이 아니다.

이를 두고 움베르토 에코는 『추의 역사』에서, 아름다움과 추함이 더는 대립 관계를 갖지 않는 세상이 됐다고 말한다. 아름다움과 추함의 대립은 더는 어떤 미학적 가치도 가지지 않는다. 21세기의 현대인들은 아름다운 것과 추한 것을 별 갈등 없이 선택하고 누리고 즐긴다. 예술은 더 이상 '쓸모없는 아름다움'을 가리키지도 않는다. 임근준의 『이것이 현대적 미술』을 따르면 "일상적 쓸모를 가진 물건"과 흔히 미술로 간주되는, "일상적 쓸모를 갖지 않는 물건"의 경계도 사라지고 있다. 미술가들은 협업의 형태로 상품의 디자인을 맡는다. 널리 잘 팔리는 상품은 예술품만큼이나 아름답고, 어디에 써야 할지 모를 예술품도 일단 시장의 영역에 들어오면 가격이 붙고 돈값을 한다. 돈값이 곧 쓸모다. 니콜로 부리오의 말처럼 미술 작품은 더 이상 "유토피아적인 상상의 리얼리티를 추구하"지 않고 "실재하는 삶의 방식이나 행위의 모델을 구성"[70]한다.

이 세상에서는 모든 게 생산되고 모든 게 수용되고 모든 게 팔린다. 기준도 경계도 없고, 머잖아 법과 사회적 금기도 지금 같은 수준의 억압 기능을 잃게 되지 않을까.

『이해할 수 없는 아름다움』은 『리플릿』에 이어 두 번째로 내는 미학 에세이다. 『리플릿』은 미술이 주였지만, 이 책에선 영화, 소설, 음악 등으로 영역을 넓혔다. 그래도 책이 결국 가닿는 곳은 같다. 우리가 사는 지금 이 한국, 한국에 수용된 세계다. 『이해할 수 없는 아름다움』은 월간지 《유레카》에 2019년부터 2020년까지 연재한 원고를 다시 고쳐 쓴 책이다. 세상은 얼마나 빨리 변하는지, 그 짧은 동안에도 코로나 팬데믹이 시작됐고, 이제 예술 분야 전반을 언택트가 주도하고 있다.

『이해할 수 없는 아름다움』의 원고를 일찍 알아봐주고 출간을 맡아준 차지혜 편집자와 알에이치코리아에 고맙다는 인사를 전한다.

주

1 『인간증발』, 레나 모제Lena Mauger · 스테판 르멜Stephane Remael 지음, 이주영 옮김, 책세상, 2017년, 40쪽.

2 같은 책, 55쪽.

3 같은 책, 107쪽.

4 같은 책, 128쪽.

5 『국화와 칼』, 루스 베네딕트Ruth Benedict 지음, 김윤식 · 오인석 옮김, 을유문화사, 2001년, 238쪽.

6 『인간증발』, 85쪽.

7 같은 책, 79쪽.

8 삼성그룹의 「왜 우리는 반도체 사업을 해야 하는가」 발표문, 박형준 기자, 동아일보, 2015. 10. 29.에서 재인용.

9 CBS 라디오 〈시사자키 정관용입니다〉, 2014. 3. 5.

10 〈삼성반도체 노동자 산재인정 판결, "그동안 쌓여왔던 운동의 힘"〉, 손익찬 기자, 오마이뉴스, 2017. 12. 7.

11 CBS 라디오 〈시사자키 정관용입니다〉, 2014. 3. 5.

12 『행복의 형이상학』, 알랭 바디우Alain Badiou 지음, 박성훈 옮김, 민음사, 2016년, 169~170쪽.

13 〈삼성 돈 10억원 거부하고 산재 인정받은 엄마와 딸〉, 유지영 기자, 오마이뉴스, 2019. 6. 7.

14 〈삼성, 故황유미 부친 등 피해자에 공식 사과〉, 성현석 기자, 프레시안, 2018. 11. 23.

15 『아름다움의 구원』, 한병철 지음, 이재영 옮김, 문학과지성사, 2016년, 9쪽.

16 같은 책, 33쪽.

17 같은 책, 17쪽.

18 같은 책, 34쪽.

19 『윌리엄 포크너』, 윌리엄 포크너William Faulkner 지음, 하창수 옮김, 현대문학, 2013년, 93쪽.

20 같은 책, 117쪽.

21 같은 책, 102쪽.

22 같은 책, 127쪽.

23 같은 책, 317쪽.

24 같은 책, 324쪽.

25 『입장들』, 자크 데리다Jacques Derrida 지음, 박성창 편역, 솔 출판사, 1992년, 158쪽.

26 『어머니』, 막심 고리키Maksim Gorky 지음, 황성우 옮김, 석탑, 1990년, 200쪽.

27 『러시아 기행』, 니코스 카잔차키스Nikos Kazantzakis 지음, 오은숙 옮김, 열린책들, 2008년, 39쪽.

28 『인격과 전이』, 한국융연구원 C.G. 융 저작번역위원회 옮김, 솔출판사, 2004년, 175쪽.

29 『모나리자 훔치기』, 다리안 리더Darian Leader 지음, 박소현 옮김, 새물결, 2010년, 126쪽.

30 같은 책, 120쪽.

31 같은 책, 126쪽.

32 같은 책, 127쪽.

33 같은 책, 127쪽.

34 같은 책, 106쪽.

35 『사진에 나타난 몸』, 존 풀츠John Fultz 지음, 박주석 옮김, 예경, 2000년, 13쪽.

36 같은 책, 21쪽.

37 같은 책, 21쪽.

38 『Reality, No Reality』, 리아 킴 지음, 미메시스, 2020년, 365쪽.

39 같은 책, 365쪽.

40 『빌리 홀리데이』, 도널드 클라크Donald Clarke 지음, 한종현 옮김, 을유문화사, 2007년, 29쪽.

41 같은 책, 285쪽

42 『재즈 시대의 메아리』, F. 스콧 피츠제럴드F. Scott Fitzgerald 지음, 최내현 옮김, 북스피어, 2018년, 35쪽.

43 같은 책, 50쪽.

44 『쳇 베이커』, 제임스 개빈James Gavin 지음, 김현준 옮김, 을유문화사, 2007년, 110쪽.

45 같은 책, 75쪽.

46 같은 책, 547쪽.

47 같은 책, 724쪽.

48 『사고의 본질』, 더글라스 호프스태터Douglas Hofstadter 지음, 김태훈 옮김,

아르테, 2013년, 632쪽.

49 같은 책, 632쪽.

50 『신학철』, 신학철 지음, 학고재, 1991년, 109~110쪽.

51 같은 책, 111쪽.

52 『사고의 본질』, 183쪽.

53 『추의 역사』, 움베르토 에코Umberto Eco 지음, 오숙은 옮김, 열린책들, 2008
년, 64쪽.

54 『우리는 모두 식인종이다』, 클로드 레비 스트로스Claude Levi Strauss 지음, 강
주헌 옮김, 아르테, 2015년, 54~55쪽.

55 같은 책, 93쪽.

56 『이것이 현대적 미술』, 임근준 지음, 갤리온, 2009년, 45~46쪽.

57 『앤디 워홀의 철학』, 앤디 워홀Andy Warhol 지음, 김정신 옮김, 미메시스,
2007년, 95쪽.

58 『아연 소년들』, 스베틀라나 알렉시예비치Svetlana Alexandrovna 지음, 박은정
옮김, 문학동네, 2017년, 464쪽.

59 『인간 실격』, 다자이 오사무 지음, 김춘미 옮김, 민음사, 2004년, 10쪽.

60 『설국』, 가와바타 야스나리 지음, 유숙자 옮김, 민음사, 2002년, 11쪽.

61 『금각사』, 미시마 유키오 지음, 허호 옮김, 웅진지식하우스, 2017년, 86쪽.

62 같은 책, 349쪽.

63 『내용 없는 인간』, 조르조 아감벤Giorgio Agamben 지음, 윤병언 옮김, 자음과
모음, 2017년, 33쪽.

64 같은 책, 13쪽.

65 『불과 글』, 조르조 아감벤 지음, 윤병언 옮김, 책세상, 2016년, 212~214쪽.

66 『내용 없는 인간』, 13쪽.

67 『검은색』, 알랭 바디우Alain Badiou 지음, 박성훈 옮김, 민음사, 2020년, 52

쪽.

68 『한국 현대 미술 12인의 작품론-현대미술의 위상』, 신항섭 지음, 화성문
화사, 1982년, 미술관 벽에서 재인용.

69 『시선의 권리』, 자크 데리다 지음, 신방흔 옮김, 아트북스, 2004년, 136쪽.

70 『이것이 현대적 미술』, 423~424쪽.

이해할 수 없는 아름다움

1판 1쇄 인쇄 2021년 9월 6일
1판 1쇄 발행 2021년 9월 15일

지은이 백민석

발행인 양원석 **편집장** 정효진
책임편집 차지혜 **디자인** 신자용, 김미선
영업마케팅 양정길, 강효경, 정다은, 김보미, 구채원

펴낸 곳 ㈜알에이치코리아
주소 서울시 금천구 가산디지털2로 53, 20층 (가산동, 한라시그마밸리)
편집문의 02-6443-8862　　**도서문의** 02-6443-8800
홈페이지 http://rhk.co.kr
등록 2004년 1월 15일 제2-3726호

ISBN 978-89-255-7935-1 (03100)